तीन सौ रामायणें एवं अन्य निबंध

संजीव कुमार

जन्म : नवम्बर 1967, पटना।

कृतियाँ : बहुत अलग-अलग तरह के मुद्दों पर विभिन्न पत्र-पत्रिकाओं में कई निबन्ध-टिप्पणियाँ प्रकाशित; एक आलोचना- पुस्तक 'जैनेन्द्र और अज्ञेय : सृजन का सैद्धान्तिक नेपथ्य' प्रकाशित, जिस पर 2011 का देवीशंकर अवस्थी सम्मान मिला; 'सारिका' और 'कथादेश' में कहानियाँ प्रकाशित; जलेस केन्द्र की पत्रिका 'नया पथ' के सम्पादन से सम्बद्ध।

सम्प्रति : दिल्ली विश्वविद्यालय के देशबन्धु कॉलेज में अध्यापन।

आवरण-चित्र : शांतिवर्धन द्वारा कोरियोग्राफ की गई रामलीला का एक चित्र

तीन सौ रामायणें एवं अन्य निबन्ध

संपादक

संजीव कुमार

राजकमल पेपरबैक्स

पहला पुस्तकालय संस्करण
राजकमल प्रकाशन प्राइवेट लिमिटेड द्वारा
2013 में प्रकाशित

राजकमल पेपरबैक्स में
पहला संस्करण : 2013
दूसरा संस्करण : 2023

राजकमल पेपरबैक्स : उत्कृष्ट साहित्य के जनसुलभ संस्करण

राजकमल प्रकाशन प्रा.लि.
1-बी, नेताजी सुभाष मार्ग, दरियागंज
नई दिल्ली-110 002
द्वारा प्रकाशित

शाखाएँ : अशोक राजपथ, साइंस कॉलेज के सामने, पटना-800 006
पहली मंजिल, दरबारी बिल्डिंग, महात्मा गांधी मार्ग, प्रयागराज-211 001
1, अनमोल सोराबजी सन्तुक लेन, धोबी तलाव, मरीन लाइंस, मुम्बई-400 002

वेबसाइट : www.rajkamalprakashan.com
ई-मेल : info@rajkamalprakashan.com

बी.के. ऑफसेट
नवीन शाहदरा, दिल्ली-110 032
द्वारा मुद्रित

मूल्य : ₹199

TEEN SAU RAMAYANE EVAM ANYA NIBANDH
Edited by Sanjeev Kumar

ISBN : 978-81-267-2441-3

भूमिका

नया पथ त्रैमासिक के अक्तूबर-दिसंबर 2011 के अंक में ए.के. रामानुजन के आलेख 'थ्री हंड्रेड रामायणाज़ : फ़ाइव एक्ज़ाम्पल्ज़ ऐंड थ्री थॉट्स ऑन ट्रांसलेशन' का अनुवाद छपा था। उसका जैसा स्वागत हुआ, वह अनुवादक के रूप में इन पंक्तियों के लेखक के लिए एक सुखद आश्चर्य ही था। साहित्यिक-राजनीतिक प्रेरणाओं से हज़ारों पन्नों का अंग्रेज़ी से हिंदी में अनुवाद कर चुके इस अनुवादक को प्रशंसा और धन्यवाद-ज्ञापन के जितने शब्द इस एक काम पर सुनने को मिले, उतने अब तक के अनुवाद-कार्य पर मिले हुए कुल शब्दों से कई गुना ज़्यादा थे। निश्चित रूप से यह स्वागत अनुवाद की गुणवत्ता के कारण उतना नहीं था, जितना इस कारण कि हिंदुत्ववादियों के विरोध का निशाना बन कर यह लेख तीन महीने पहले दिल्ली विश्वविद्यालय के एक पाठ्यक्रम से बाहर किया जा चुका था और इतने अद्‌भुत वैदुषिक कार्य के साथ हुए इस बरताव से स्तब्ध विद्वत समाज एक ठीक-ठिकाने के अनुवाद के माध्यम से इसे हिंदी की दुनिया के सामने लाए जाने की सख़्त ज़रूरत महसूस कर रहा था।

उस ज़रूरत को पूरा करने का ऐतिहासिक दायित्व *नया पथ* ने निभाया। मुरली मनोहर प्रसाद सिंह और चंचल चौहान ने मुझे *नया पथ* के उक्त अंक के दूसरे सभी कामों से बरी करते हुए इस आलेख के अनुवाद पर पूरी एकाग्रता से लग पड़ने का आदेश नहीं दिया होता तो यह काम न हो पाता।

रामानुजन का आलेख अक्तूबर 2011 में दिल्ली विश्वविद्यालय की विद्वत परिषद् की बैठक के एक फ़ैसले से कोर्स-बदर हुआ, लेकिन इसकी भूमिका 2008 में ही बन चुकी थी। उसी साल हिंदुत्ववादियों ने इस आलेख पर आपत्ति जताते हुए दिल्ली विश्वविद्यालय के इतिहास-विभाग में घुस कर तोड़-फोड़ की और हिंदू भावनाओं को आहत करने के नाम पर इसे पाठ्यक्रम से हटवाने की मुहिम चलाई। तोड़-फोड़ की घटना के कुछ ही दिनों बाद, संयोग से, विद्वत परिषद् की एक बैठक तय हुई। उस समय विद्वत परिषद् का एक निर्वाचित सदस्य, संयोग से, मैं भी था। निर्धारित एजेंडा पर बात शुरू होने से पहले शून्यकाल के दौरान पटल पर रखने के लिए हमने एक प्रस्ताव तैयार किया जिसमें इस बात पर ज़ोर दिया गया था कि पाठ्यक्रम के लिए मुनासिब-ग़ैरमुनासिब तय करने का दायित्व और अधिकार सिर्फ़ इस निकाय का है। ये चीज़ें पहले संबद्ध विभाग के अध्यापकों की, और फिर विद्वत परिषद् की, बैठक के बहस-मुबाहिसों के आधार पर तय होती हैं और होनी चाहिए, न कि तोड़-फोड़ के रूप में होने वाले शक्ति-प्रदर्शन के आधार पर। साथ ही, उसमें उक्त घटना और उसके पीछे की राजनीति की स्पष्ट शब्दों में निंदा की गई थी।

लेकिन हमारा प्रस्ताव धरा-का-धरा रह गया। तत्कालीन कुलपति प्रोफ़ेसर दीपक पेंटल ने सदन के अध्यक्ष के रूप में उत्पाती कार्रवाई की भर्त्सना करते हुए भी हमारे प्रस्ताव को पटल पर रखने की इजाज़त नहीं दी। उसकी जगह उनकी ओर से विद्वत परिषद् की मनोनीत सदस्या, अंग्रेज़ी की प्रोफ़ेसर शर्मिष्ठा पांजा ने एक वाक्य का एक निंदा-प्रस्ताव पेश किया, जिसका एक और मनोनीत सदस्य, तत्कालीन हिंदी विभागाध्यक्ष प्रोफ़ेसर सुधीश पचौरी ने समर्थन किया ('प्रोपोज़्ड बाइ' और 'सेकेंडेड बाइ' की औपचारिकताएं!)। इसमें सिर्फ़ इतना कहा गया था कि दिल्ली विश्वविद्यालय की विद्वत परिषद् उक्त घटना की कठोर शब्दों में

निंदा करती है। यह एक विचारवान प्रस्ताव की जगह विचार की मनाही वाला प्रस्ताव था और कुलपति के सभी कृपाकांक्षी इस दूसरे प्रस्ताव के साथ थे। मेरे लिए उसी दिन यह साफ़ हो गया था कि विश्वविद्यालयी व्यवस्था पाठ्यक्रम के स्तर पर बाहर से होने वाली सांप्रदायिक दख़लंदाज़ी का जवाब देने के प्रति कितनी गंभीर है।

आगे जो कुछ हुआ, आप सब जानते हैं। इस किताब के एकाधिक लेखों में भी उसकी चर्चा है। इसीलिए अभी उसका ज़िक्र नहीं कर रहा हूं। 2008 की बैठक का ज़िक्र करना सिर्फ़ इस लिहाज़ से ज़रूरी लगा कि उसके बारे में शायद ज़्यादा लोगों को पता नहीं है, जबकि दिल्ली विश्वविद्यालय में रामानुजन के आलेख का भविष्य भ्रूण रूप में उसी दिन आकार लेने लगा था। कुलपति के कृपाकांक्षियों में से प्रोफ़ेसर सुधीश पचौरी अपने अनुशासित व्यवहार के बल पर आगे चल कर नए कुलपति प्रोफ़ेसर दिनेश सिंह की टीम में 'डीन ऑफ़ कॉलेजेज़' के ख़ासे रुतबेदार पद पर आसीन हुए और अक्तूबर 2011 में इसी टीम के साथ विद्वत परिषद् की बैठक संपन्न करते हुए नए कुलपति ने बिना किसी बहस की इजाज़त दिए रामानुजन के आलेख को पाठ्यक्रम से निकाल बाहर किया। इसकी सफ़ाई देते हुए प्रोफ़ेसर पचौरी ने पत्रकारों से यह कहा कि चूंकि ऑक्सफ़ोर्ड यूनिवर्सिटी प्रेस से निकली रामानुजन की किताब 'आउट ऑफ़ प्रिंट' है और हम फ़ोटोकॉपी कराने की ग़ैरक़ानूनी परंपरा को बढ़ावा नहीं देना चाहते, इसलिए यह लेख पाठ्यक्रम से निकाला गया है। ग़ौरतलब है कि यह लेख इंटरनेट पर हर किसी के लिए तब भी उपलब्ध था और पाउला रिचमैन की किताब, जिसमें पहली बार यह लेख शाया हुआ, उस समय भी 'आउट ऑफ़ प्रिंट' नहीं थी। लिहाज़ा, यह एक बेहद लचर सफ़ाई थी जिसका सहारा लेकर हिंदी का एक स्वघोषित 'उत्तरसंरचनावादी मार्क्सवादी', कोपिन से लाज ढंकने वाले अंदाज़ में अपनी इज़्ज़त बचा रहा था। यह दृश्य जितना हास्यास्पद था, उतना ही दयनीय भी। क्या संयोग है कि 2010 में

उन्हीं प्रोफ़ेसर पचौरी के संपादन में निकलने वाली पत्रिका *वाक्* के एक अंक में रामानुजन के इस लेख का पहला हिंदी अनुवाद छपा था, जिसमें ऊटपटांग तरीक़े से कई अंश नदारद थे, एकाधिक जगहों पर अनुवाद की भयावह भूलें थीं, सारी पादटिप्पणियां ग़ायब थीं और लेख के हिंदी अनुवाद की ज़रूरत तथा सामयिक महत्व को लेकर कोई संपादकीय टिप्पणी नहीं की गई थी। मानने की इच्छा तो नहीं होती, पर आगे का सारा घटनाक्रम यही मनवाने की ज़िद करता है कि वह अनुवाद हिंदी समाज के सामने रामानुजन के आलेख के महत्व को धूमिल करने की एक चाल थी।

बहरहाल, जिन्होंने भी रामानुजन के आलेख को पढ़ा है, उन्होंने महसूस किया है कि यह शोध और विश्लेषण की गहराई का कितना नायाब नमूना है। और यह कि हिंदू भावनाओं को आहत करना तथा रामकथा पर कोई नकारात्मक टिप्पणी करना तो दूर, यह लेख रामकथा के सांस्कृतिक महत्व, उसकी आश्चर्यजनक व्यापकता और अर्थगर्भत्व का–जिसके कारण उसके शताधिक रूप प्रचलित हैं–एक अद्‌भुत निदर्शन है। लेख की इस गुणवत्ता का साक्षात्कार करने वाले के मुंह से आह निकलती है कि काश, हिंदुत्व के पैरोकारों को थोड़ा पढ़ने का शऊर भी होता!

पर मुझे लगता है कि पढ़ने भर से शायद ही कोई फ़र्क़ पड़ना था। हिंदुत्ववादियों की मुख्य चिंता तो धार्मिक साहित्य का दर्जा पा चुकी हर चीज़ का आधिकारिक मूल पाठ तय करने की है। जो भी विवरण-विश्लेषण बहुरंगी वैविध्य की झांकियां देता हुआ उसकी ख़ूबसूरती बयान करता है, वह दरअसल आधिकारिकता के निर्धारण की इस प्रक्रिया को बाधित करता है। तो फिर ऐसी ख़ूबसूरती हिंदुत्व के पैरोकारों को कैसे बर्दाश्त हो सकती है!

यह किताब रामानुजन के आलेख को आपके सामने पेश करने के साथ-साथ ख़ूबसूरती के ख़िलाफ़ खड़े इन लोगों की ख़बर देती और लेती भी है। यहां रामानुजन के अलावा कामिल बुल्के हैं, रोमिला

थापर हैं, मुरली मनोहर प्रसाद सिंह और प्रभात कुमार बसंत हैं। दैनिक अख़बार *जनसत्ता* में किसी हिंदुत्ववादी ने रामानुजन के आलेख पर हमला करते हुए लिखा था कि विद्यार्थियों को रामकथा के बारे में बताना ही था तो कामिल बुल्के को कोर्स में क्यों नहीं लगाया! गोया, रामानुजन और बाबा बुल्के के स्वर बिल्कुल जुदा-जुदा हों। बाबा बुल्के की किताब का एक हिस्सा इस किताब में इसी ख़याल से शामिल किया गया है कि बौद्ध और जैन रामकथाओं के बारे में थोड़े विस्तार के साथ जानकारी भी मिल जाए और लोगों को यह भी पता चले कि रामकथा के एक विशेषज्ञ के ख़िलाफ़ दूसरे को खड़ा करने की हिंदुत्ववादियों की कोशिश कितनी हास्यास्पद है! उन्होंने न रामानुजन को पढ़ा है, न बाबा बुल्के को। पढ़ा होता तो उन्हें पता होता कि तीन सौ रामायणों की बात करने वाला शीर्षक बाबा बुल्के से ही प्रेरित है, क्योंकि अपनी किताब में बाबा बुल्के ने रामकथा की तीन सौ मुख़्तलिफ़ प्रस्तुतियों या वाचनों का उल्लेख किया है। आगे चल कर रामानुजन को यह भी पता चला कि और लोगों ने तो हज़ारों तरह की रामायणों को सूचीबद्ध कर रखा है। बावजूद इसके अपने आलेख के शीर्षक में 'तीन सौ' की संख्या रख कर रामानुजन ने बुल्के के प्रति एक तरह का सम्मान-प्रदर्शन ही किया है।

रामानुजन और बाबा बुल्के के लेखन में एक ही फ़र्क़ है, और वह इतिहास तथा संस्कृति के अध्येताओं के लिए बड़ा फ़र्क़ है, कि रामानुजन के पास विश्लेषण के जितने पैने औज़ार हैं, वैसे बाबा बुल्के के पास नहीं हैं। इसका मुख्य कारण यही है कि दोनों के रचनाकाल में तीन दशकों से ज़्यादा का अंतर है। सामग्री-संकलन की दृष्टि से बुल्के का कोई जवाब नहीं; संकलित सामग्री के विश्लेषण की दृष्टि से रामानुजन लाजवाब हैं। इस संकलन में आप दोनों को पढ़ पाएंगे।

इन दोनों के अलावा प्रस्तुत संकलन के लिए रोमिला थापर, मुरली मनोहर प्रसाद सिंह और प्रभात कुमार बसंत के लेख कई और

दृष्टियों से बहुत आवश्यक प्रतीत हुए। साक्षात्कार भी आशु लेख ही होता है, इसलिए रोमिला थापर के एक साक्षात्कार को भी इसमें शामिल किया गया है।

किताब की परिकल्पना से लेकर सामग्री जुटाने तक का ही नहीं, बार-बार कोंचा लगा कर इसे पूरा करवाने तक का श्रेय मुरली बाबू (मुरली मनोहर प्रसाद सिंह) को जाता है। बिना किसी अतिरिक्त विनयशीलता के मैं कह सकता हूं कि यह उनकी ही किताब है। उनके अलावा *नया पथ* की मंडली के अन्य सदस्यों–चंचल चौहान, कांतिमोहन, रेखा अवस्थी और जवरीमल्ल पारख–का भी भरपूर सहयोग मिला। मुझे आगे करके इन सबने पृष्ठभूमि में रहना पसंद किया, इसके लिए सिर्फ़ आभार व्यक्त करना कृपणता ही होगी, पर मैं और कर भी क्या सकता हूं!

दिल्ली, नवंबर 2012

–संजीव कुमार

अनुक्रम

तीन सौ रामायणें एवं अन्य निबंध

तीन सौ रामायणें

पांच उदाहरण और अनुवाद पर तीन विचार

—ए.के. रामानुजन

मैसूर में जन्मे ए.के. रामानुजन (1929-1993) अंतरराष्ट्रीय ख्याति के विद्वान और रचनाकार थे। कन्नड़ और अंग्रेज़ी में लोकसाहित्य, भाषाशास्त्र तथा दक्षिण एशियाई संस्कृति पर प्रचुर लेखन करने के साथ-साथ उन्होंने कविताओं और नाटकों की भी रचना की। 1959-62 में इंडियाना यूनिवर्सिटी में फुलब्राइट स्कॉलर के तौर पर भाषाविज्ञान में शोधकार्य करने के बाद वे यूनिवर्सिटी ऑफ़ शिकागो में दक्षिण एशियाई अध्ययन के शिक्षक नियुक्त हुए और तब से मृत्युपर्यंत वहीं रहे, हालांकि हार्वर्ड, विस्कॉन्सिन, कैलिफ़ोर्निया विश्वविद्यालय (बर्कले) इत्यादि से भी उनका अध्यापन का रिश्ता लगातार बना रहा। उनकी दर्जनों प्रतिष्ठित पुस्तकों में से कुछ चुनिंदा इस प्रकार हैं : द इंटीरियर लैंडस्केप : लव पोयम्स फ्रॉम ए क्लासिकल तमिल ऐन्थॉलजी, स्पीकिंग ऑफ़ शिवा, हीम्स ऑफ़ द ड्राउनिंग, पोयम्स ऑफ़ लव एंड वार, फ़ोकटेल्स फ्रॉम इंडिया : ओरल टेल्स फ्रॉम ट्वेंटी इंडियन लैंग्वेजेज़, द स्ट्राइडर्स, रिलेशंस, सेकेंड लाइट, द कलेक्टेड पोयम्स ऑफ़ ए.के. रामानुजन।

रामानुजन का प्रस्तुत आलेख रामकथा की परंपरा में समाहित विविधता को समझने की दृष्टि से एक नयी ज़मीन तोड़ने वाले निबंध के रूप में समादृत है।

यह लेख मूलतः पाउला रिचमैन द्वारा संपादित पुस्तक मेनी रामायणाज़ : द डाइवर्सिटी ऑफ़ अ नैरेटिव ट्रेडिशन *में संकलित है।*

हिंदी में इस लेख का अनुवाद छापने के लिए दिवंगत प्रो. रामानुजन की पत्नी मौली डैनियल्स रामानुजन ने सहर्ष और अविलंब अनुमति दी, इसके लिए हम उनके आभारी हैं।

अनुवादक की ओर से

- रामायण शब्द संस्कृत व्याकरण के हिसाब से नपुंसक लिंग है और हिंदी के प्रचलन के अनुसार स्त्रीलिंग। यहां उसे स्त्रीलिंग में ही रखा गया है। स्त्रीलिंग के अनुरूप ही उसके रूप-परिवर्तन भी किये गये हैं, जैसे 'कितनी रामायणें'। यह थोड़ा अजीब लग सकता है, लेकिन रामायण का बहुवचन रूप तो ऐसे ही बनेगा। अगर यह पुल्लिंग शब्द होता तो साथ में कारक चिह्न न होने की स्थिति में बहुवचन बनाते हुए 'कितने खेल' की तरह 'कितने रामायण' कहते; स्त्रीलिंग है तो 'कितनी भूलें' की तरह 'कितनी रामायणें' कहना होगा। इस बहुवचन रूप में जो थोड़ा अटपटापन महसूस होता है, वह इस कारण कि हम इस शब्द का बहुवचन में प्रयोग करने के अभ्यस्त नहीं रहे हैं। पर ख़ुद को अभ्यस्त बनाना हमारी ज़िम्मेदारी है, ख़ास तौर से रामानुजन के इस लेख को पढ़ते हुए, जिसका मुख्य ज़ोर ही रामायणों को बहुवचन में समझने पर है।
- मैंने कोशिश की है कि मूल लेख के वाक्यों के आशय, स्वर, शैली, क्रम इत्यादि से कम-से-कम विचलित हुआ जाये; विचलन हो तो बस उतना ही जितना हिंदी की प्रकृति के अनुरूप ढालने के लिए निहायत ज़रूरी है। हां, कहीं-कहीं अपनी ओर से शब्द या वाक्यांश जोड़ देने की ज़रूरत महसूस हुई। वहां मैंने उस शब्द या वाक्यांश को बड़े कोष्ठकों [...] में रखा है।
- अंग्रेज़ी में क्रियापदों का अलग से कोई सम्मानसूचक रूप नहीं है, पर हिंदी में बहुवचन के क्रियारूपों को एकवचन में सम्मानसूचक क्रियारूपों की तरह इस्तेमाल किया जाता है।

अनुवाद में यह चीज़ ख़ासी दिक़्क़त पैदा करती है। आम चलन यह है कि अंग्रेज़ी में 'राम गोज़' लिखा हो, तो हिंदी में 'राम जाते हैं' हो जाता है और अंग्रेज़ी का 'रावण गोज़' हिंदी में 'रावण जाता है'। मैंने राम के साथ-साथ रावण के लिए भी सम्मानसूचक क्रियारूप इस्तेमाल किये हैं; यही इस लेख की मूल भावना के अनुरूप है।

- एक जगह भाषा पर विचार करने वाले दार्शनिक पीअर्स की शब्दावली की मदद लेते हुए रामानुजन ने अनुवाद के तीन प्रकारों की चर्चा की है; वहां मैंने शब्दावली को ज्यों-का-त्यों रहने दिया है। वस्तु को इंगित करने के तरीक़ों के आधार पर पीअर्स ने संकेतों (साइन) के तीन प्रकार बताये थे : आइकॉन, इंडेक्स और सिंबल। रामानुजन ने इसी को आधार बनाते हुए आइकॉनिक, इंडेक्सिकल और सिंबॉलिक अनुवादों की चर्चा की है। इनके आशय वे ख़ुद स्पष्ट करते चलते हैं। इसलिए भी इनका हिंदी प्रतिशब्द ढूंढ़ने/गढ़ने की ज़रूरत महसूस नहीं हुई। अगर मैं इन्हें क्रमशः 'प्रतिमावत', 'सूचक' और 'प्रतीकात्मक' कह भी देता तो क्या हासिल हो जाता! उल्टे, iconicity का अनुवाद करने में बुद्धि जवाब दे जाती (दे गयी, आप समझ ही सकते हैं)। फ़िलहाल इसे हिंदी में मैंने 'आइकॉनिकता' कहा है। आशा है, यह आपको बहुत उचित नहीं भी, तो कम-से-कम मज़ेदार और संप्रेषणीय अवश्य लगेगा।
- श्री रामानुजन ने अपने अंग्रेज़ी लेख में *वाल्मीकि रामायण* का जो लंबा अंश उद्धृत किया है, वह ख़ुद उनका और डेविड शुलमैन का किया हुआ अंग्रेज़ी अनुवाद है। उसका हिंदी में उल्था करने के बजाय मैंने हिंदी में उपलब्ध अनुवाद (जयकृष्ण मिश्र 'सर्वेश' शास्त्री कृत) का इस्तेमाल किया है, जिसका हवाला यथास्थान दे दिया गया है। हिंदी में उपलब्ध इस बहुत उम्दा अनुवाद की एक ही दिक़्क़त है

कि यह पद्यानुवाद है, इसलिए थोड़ा मुश्किल है। मात्राएं और तुक मिलाने की मजबूरी हो तो थोड़े बेतुके शब्द आ ही जाते हैं। मात्राएं और तुक मिलाने की चिंता अनुवादक की प्राथमिकताओं को प्रभावित करती हुई अगर कहीं-कहीं मूल से थोड़ा विचलित भी करवा देती हो तो कोई आश्चर्य नहीं। पर यह देख कर मैं 'निफ़िकिर' हो गया कि मूल से थोड़ा-बहुत विचलन तो ख़ुद रामानुजन के अंग्रेज़ी अनुवाद में भी है। महत्वपूर्ण यह है कि दोनों जगह इस थोड़े-बहुत विचलन से, उद्धृत प्रसंग के उस पक्ष पर कोई फ़र्क़ नहीं पड़ता जिसे सामने रखने के लिए उसे उद्धृत किया गया है।

- *कम्ब रामायण* का भी हिंदी में उपलब्ध आचार्य ति. शेषाद्रि का अनुवाद मेरे काम आया है, लेकिन उसे ज्यों-का-त्यों उद्धृत नहीं किया गया है, क्योंकि दोनों जगह पद-संख्याओं का अंतर देख कर मैं 'निफ़िकिर' नहीं रह पाया। रामानुजन के अनुवाद के साथ उक्त हिंदी अनुवाद का मिलान करते हुए ऐसा भी लगता रहा कि वे जिन अलग-अलग संस्करणों को आधार बना रहे हैं, उनमें पदों की क्रम-संख्या के स्तर पर ही नहीं, कहीं-कहीं कथ्य के स्तर पर भी फ़र्क़ है; या संभव है, वह रामानुजन और आचार्य ति. शेषाद्रि के समझने का अंतर हो। जो भी हो, मैंने किया यह कि दोनों अनुवादों को एक-दूसरे से भिड़ाते हुए, और आचार्य शेषाद्रि के अनुवाद से कई जगह पूरे-पूरे वाक्य उधार लेते हुए, रामानुजन द्वारा उद्धृत पदों के मायने पूरी तरह से गद्य में लिख दिये, ज़ाहिर है, गद्य को भी थोड़ा काव्यात्मक बनाये रखने की कोशिश करते हुए।
- इस लेख का एक अनुवाद 2010 में 'वाक्' पत्रिका में छप चुका है। जब मैंने अनुवाद-कार्य शुरू किया था, तब यह बात पता नहीं थी। पूरा होने के आसपास इसका पता लगा तो

पहले थोड़ा अफ़सोस हुआ कि ख़ामख़ा अनुवाद कर डाला,
लेकिन उस अनुवाद को देख लेने के बाद अफ़सोस जाता रहा।

–संजीव कुमार

कितनी रामायणें? तीन सौ? तीन हज़ार? कुछ रामायणों के अंत में कभी-कभी यह सवाल पूछा जाता है कि रामायणों की कुल संख्या क्या रही है? और इस सवाल का उत्तर देने वाली कहानियां भी हैं। उनमें से एक कहानी यों है।

एक दिन राम अपने सिंहासन पर बैठे हुए थे कि उनकी अंगूठी गिर गयी। गिरते ही ज़मीन को छेदती हुई अंगूठी उसी में खो गयी। राम के विश्वसनीय अनुचर, हनुमान, उनके चरणों में बैठे थे। राम ने उनसे कहा, 'मेरी अंगूठी खो गयी है। उसे ढूंढ़ लाओ।'

हनुमान तो ऐसे हैं कि वे किसी भी छिद्र में घुस सकते हैं, वह कितना भी छोटा क्यों न हो! उनमें छोटी-से-छोटी वस्तु से भी छोटा और बड़ी-से-बड़ी वस्तु से भी बड़ा बन जाने की क्षमता थी। इसलिए उन्होंने अतिलघु आकार धारण किया और छेद में घुस गये।

चलते गये, चलते गये, चलते गये और अचानक आ गिरे पाताल लोक में। वहां कई स्त्रियां थीं। [वे कोलाहल करने लगीं,] 'अरे, देखो देखो, ऊपर से एक छोटा-सा बंदर गिरा है!' उन्होंने हनुमान को पकड़ा और एक थाली में सजा दिया। पाताल लोक में रहने वाले भूतों के राजा को जीवजंतु खाना पसंद है। लिहाज़ा हनुमान शाक-सब्ज़ियों के साथ डिनर के तौर पर उसके पास भेज दिये गये। थाली पर बैठे हनुमान पसोपेश में थे कि अब क्या करें।

पाताल लोक में जब यह सब चल रहा था, राम धरती पर अपने सिंहासन पर विराजमान थे। महर्षि वशिष्ठ और ब्रह्मा उनसे मिलने आये। उन्होंने राम से कहा, 'हम आपसे एकांत में वार्ता करना चाहते हैं। हम नहीं चाहते कि कोई हमारी बात सुने या उसमें बाधा डाले। क्या आपको यह स्वीकार है?'

'स्वीकार है,' राम ने कहा।

इस पर वे बोले, 'तो फिर एक नियम बनायें। अगर हमारी वार्ता के समय कोई यहां आयेगा तो उसका शिरोच्छेद कर दिया जायेगा।'

'जैसी आपकी इच्छा,' राम ने कहा।

अब सवाल था कि सबसे विश्वसनीय द्वारपाल कौन होगा? हनुमान तो अंगूठी लाने गये हुए थे। राम लक्ष्मण से ज़्यादा किसी पर भरोसा नहीं करते थे, सो उन्होंने लक्ष्मण को द्वार पर खड़े रहने को कहा। 'किसी को अंदर न आने देना,' उन्हें हुक्म दिया गया।

लक्ष्मण द्वार पर खड़े थे जब महर्षि विश्वामित्र आये और कहने लगे, 'मुझे राम से शीघ्र मिलना अत्यावश्यक है। बताओ, वे कहां हैं?'

लक्ष्मण ने कहा, 'अभी अंदर न जायें। वे कुछ और लोगों के साथ अत्यंत महत्वपूर्ण वार्ता कर रहे हैं।'

'ऐसी कौन-सी बात है जो राम मुझसे छुपायें?' विश्वामित्र ने कहा, 'मुझे अभी, बिल्कुल अभी अंदर जाना है।'

लक्ष्मण ने कहा, 'आपको अंदर जाने देने से पहले मुझे उनकी अनुमति लेनी होगी।'

'तो जाओ और पूछो।'

'मैं तब तक अंदर नहीं जा सकता, जब तक राम बाहर नहीं आते। आपको प्रतीक्षा करनी होगी।'

'अगर तुम अंदर जाकर मेरी उपस्थिति की सूचना नहीं देते तो मैं अपने अभिशाप से पूरी अयोध्या को भस्मीभूत कर दूंगा,' विश्वामित्र ने कहा।

लक्ष्मण ने सोचा, 'अगर अभी अंदर जाता हूं, तो मरूंगा। पर अगर नहीं जाता तो ये अपने कोप में पूरे राज्य को भस्म कर डालेंगे। समस्त प्रजा, सारी जीवित वस्तुएं जीवन से हाथ धो बैठेंगी। बेहतर है कि मैं ही अकेला मरूं।'

इसलिए वे अंदर चले गये।

राम ने पूछा, 'क्या बात है?'

'महर्षि विश्वामित्र आये हैं।'

'भेज दो।'

विश्वामित्र अंदर गये। एकांत वार्ता तब तक समाप्त हो चुकी थी। ब्रह्मा और वशिष्ठ राम से मिल कर यह कहने आये थे कि 'मर्त्यलोक में आपका कार्य संपन्न हो चुका है। अब रामावतार रूप को आपको त्याग देना चाहिए। यह शरीर छोड़ें और पुनः ईश्वररूप धारण करें।' यही कुल मिला कर उन्हें कहना था।

अब लक्ष्मण ने राम से कहा, 'भ्राता, आपको मेरा शिरोच्छेद कर देना चाहिए।'

राम ने कहा, 'क्यों? हमें तो कोई और बात करनी नहीं थी। तो मैं तुम्हारा शिरोच्छेद क्यों करूं?'

लक्ष्मण ने कहा, 'नहीं, आप ऐसा नहीं कर सकते। आप मुझे सिर्फ़ इसलिए छोड़ नहीं सकते कि मैं आपका भाई हूं। यह राम के नाम पर एक कलंक होगा। आपने अपनी पत्नी को नहीं छोड़ा। उन्हें वन में भेज दिया। मुझे भी दंड मिलना चाहिए। मैं प्राणत्याग करूंगा।'

लक्ष्मण शेषनाग के अवतार थे जिन पर विष्णु शयन करते हैं। उनका भी समय पूरा हो चुका था। वे सीधे सरयू नदी तक गये और उसके प्रवाह में विलुप्त हो गये।

जब लक्ष्मण ने अपना शरीर त्याग दिया तो राम ने अपने सभी अनुयायियों, विभीषण, सुग्रीव और दूसरों को बुलाया और अपने जुड़वां पुत्रों, लव और कुश, के राज्याभिषेक की व्यवस्था की। इसके बाद राम भी सरयू नदी में प्रवेश कर गये।

इस दौरान हनुमान पाताल लोक में थे। उन्हें अंततः भूतों के राजा के पास ले जाया गया। उस समय वे लगातार राम का नाम दुहरा रहे थे, 'राम, राम, राम...।'

भूतों के राजा ने पूछा, 'तुम कौन हो?'

'हनुमान।'

'हनुमान? यहां क्यों आये हो?'

'श्री राम की अंगूठी एक छिद्र में गिर गयी थी। मैं उसे निकालने आया हूं।'

राजा ने इधर-उधर देखा और हनुमान को एक थाली दिखायी। उस पर हज़ारों अंगूठियां पड़ी थीं। सभी राम की अंगूठियां थीं। राजा हनुमान के पास वह थाली ले आया, उसे नीचे रख कर उसने कहा, 'अपने राम की अंगूठी उठा लो।'

सारी अंगूठियां बिल्कुल एक-सी थीं। 'मैं नहीं जानता कि वह कौन-सी है,' हनुमान सिर डुलाते हुए बोले।

भूतों के राजा ने कहा, 'इस थाली में जितनी अंगूठियां हैं, उतने ही राम अब तक हो गये हैं। जब तुम धरती पर लौटोगे तो राम नहीं मिलेंगे। राम का यह अवतार अपनी अवधि पूरी कर चुका है। जब भी राम के किसी अवतार की अवधि पूरी होने वाली होती है, उनकी अंगूठी गिर जाती है। मैं उन्हें उठा कर रख लेता हूं। अब तुम जा सकते हो।'

हनुमान वापस लौट गये।[1]

यह कथा सामान्यतः यह बताने के लिए सुनायी जाती है कि ऐसे हर राम के लिए एक रामायण है। रामायणों की संख्या और पिछले पच्चीस सौ या उससे भी अधिक सालों से दक्षिण तथा दक्षिण-पूर्व एशिया में उनके प्रभाव का दायरा हैरतनाक है। जितनी भाषाओं में राम कथा पायी जाती है, उनकी फ़ेहरिस्त बताने में ही आप थक जायेंगे : अन्नामी, बाली, बांग्ला, कम्बोडियाई, चीनी, गुजराती, जावाई, कन्नड़, कश्मीरी, खोटानी, लाओसी, मलेशियाई, मराठी, उड़िया, प्राकृत, संस्कृत, संथाली, सिंहली, तमिल, तेलुगु, थाई, तिब्बती–पश्चिमी भाषाओं को छोड़ कर यह हाल है। सदियों के सफ़र के दौरान इनमें से कुछ भाषाओं में राम कथा के एकाधिक वाचनों (टेलिंग्स) ने जगह बनायी है। अकेले संस्कृत में मुख़्तलिफ़

आख्यान-विधाओं (प्रबंधकाव्य, पुराण इत्यादि) से जुड़े पच्चीस या उससे भी ज़्यादा वाचन उपलब्ध हैं। अगर हम नाटकों, नृत्य-नाटिकाओं, और शास्त्रीय तथा लोक दोनों परंपराओं के अन्य वाचनों को भी जोड़ दें, तो रामायणों की संख्या और भी बढ़ जाती है। दक्षिण और दक्षिण-पूर्व एशियाई संस्कृतियों में इनके साथ शिल्प और नक़्क़ाशी, मुखौटा-नाटकों, कठपुतली नाटकों और छाया-नाट्यों को भी अवश्य जोड़ा जाना चाहिए।[2] रामायण के एक अध्येता, कामिल बुल्के, ने तीन सौ वाचनों की गिनती की है।[3] कोई हैरत नहीं कि चौदहवीं सदी में ही एक कन्नड़ कवि कुमारव्यास ने *महाभारत* लिखना इसलिए तय किया कि उसने धरती को धारण करने वाले शेषनाग को रामायणी कवियों के बोझ तले आर्तनाद करते सुना। इस पर्चे में, जिसके लिए मैं बहुसंख्य पूर्ववर्ती अनुवादकों और विद्वानों का ऋणी हूं, यह देखना चाहूंगा कि मुख़्तलिफ़ संस्कृतियों, भाषाओं, और धार्मिक परंपराओं में एक कथा के ये सैंकड़ों वाचन परस्पर कैसे संबंधित हैं : उनमें क्या-क्या अनूदित, प्रत्यारोपित, पक्षांतरित होता है।

वाल्मीकि और कम्बन : दो अहिल्याएं

ज़ाहिर है, ये सैकड़ों वाचन एक-दूसरे से भिन्न हैं। मैंने प्रचलित शब्द पाठांतर (वर्ज़न्स) या रूपांतर (वैरिएन्ट्स) की जगह वाचन (टेलिंग्स) कहना पसंद किया है तो इसका कारण है कि पाठांतर और रूपांतर, दोनों शब्द यह आशय भी देते हैं कि एक कोई मूल या आदि पाठ है [जिसे पैमाना बनाकर इन भटकावों की पहचान की जा सकती है]। सामान्यतः वाल्मीकि की संस्कृत *रामायण* को वह दर्जा मिलता है, जो कि सभी पाठों में सबसे आरंभिक और प्रतिष्ठित है। लेकिन जैसा कि हम देखेंगे, हमेशा वाल्मीकि के आख्यान को ही एक से दूसरी भाषा में ले जाने का काम नहीं होता रहा है।

शुरुआत करने से पहले कुछ अंतरों को चिह्नित कर लेना उपयोगी होगा। स्वयं परंपरा एक ओर रामकथा और दूसरी ओर

वाल्मीकि, कम्बन या कृत्तिवास जैसे विशिष्ट व्यक्तियों द्वारा रचित पाठों के बीच फ़र्क़ करती है। हालांकि बाद वाले कई पाठ भी लोकप्रिय स्तर पर रामायण ही कहे जाते हैं (मसलन, *कम्बनरामायणम*), लेकिन कुछ ही पाठों के नाम में सचमुच रामायण लगा हुआ है; *इरामावतारम, रामचरितमानस, रामकियेन*—इस तरह के नाम दिये गये हैं। वाल्मीकि द्वारा कही गयी रामकथा के साथ उनके संबंध भी जुदा-जुदा हैं। कथा और काव्य का यह पारंपरिक अंतर फ्रांसीसी के 'सुजेट' और 'रेसिट', या अंग्रेज़ी के 'स्टोरी' और 'डिस्कोर्स' के अंतर से मेल खाता है।[4] यह वाक्य और कथन के अंतर जैसा भी है। हो सकता है, दो वाचनों में कथा समान हो, पर विमर्श बहुत भिन्न। यहां तक कि घटनाओं की संरचना और उनका क्रम समान हो, पर शैली, ब्यौरे, स्वर और टेक्स्चर (बुनावट)—और इसीलिए अभिप्राय—बहुत अलग हों।

यहां 'एक ही' प्रसंग के दो वाचन दिये जा रहे हैं। यह प्रसंग दोनों जगह कथा की घटना-शृंखला में समान बिंदु पर आता है। पहला वाल्मीकि की संस्कृत *रामायण* के प्रथम खंड (बालकांड) से लिया गया है; दूसरा तमिल में लिखी गयी कम्बन की *इरामावतारम* के प्रथम सर्ग (पालकांतम) से है। दोनों में अहिल्या की कथा है।

अहिल्या प्रकरण : वाल्मीकि

साधु-साधु! कह, जनकपुरी की सुषमा देखी मिथिला जाकर।
बहुत प्रशंसा की ऋषियों ने इसकी, अतुलित दिव्य बताकर॥

उपवन में था रम्य पुरातन आश्रम एक, किंतु था निर्जन।
उसे देखकर प्रश्न-रूप में ऋषि से बोले तब रघुनंदन॥

आश्रम-जैसा, मुनि-विहीन यह स्थान कौन है भगवन! उत्तम?।
पहले था किसका? सुनने को इच्छुक हूं, बतलाएं! सक्षम!॥

राघव के इस प्रश्न-वाक्य को भलीभांति से तब फिर सुनकर।
अति तेजस्वी वाक्य-विशारद बोले विश्वामित्र मुनीश्वर॥

पूर्व महात्मा थे इसके जो, किया जिन्होंने इसको शापित।
सुनो राम! उनका, आश्रम का वृत्त सर्वथा हो ध्यानस्थित॥

पूर्व समय यह स्थान महात्मा गौतम का आश्रम था नरवर!।
परम दिव्य, पूजा, सुप्रशंसा करते थे इसकी सब सुरवर॥

पहले यहीं अहल्या के संग श्री महर्षि गौतम ने रहकर।
वर्ष बिताये बहुत राज-सुत! करते हुए तपस्या गुरुतर॥

एक समय गौतम-अनुपस्थिति में उपयुक्त सुअवसर पाकर।
शचीनाथ ने ऋषि-स्वरूप रख कहा अहिल्या से यह आकर॥

समाहिते! ऋतुकाल-प्रतीक्षा करते नहीं रतीच्छा-रत नर।
अतः चाहता कटि-सुरम्य! तुमसे मैं संगम इस अवसर पर॥

मुनि रूपी हैं इंद्र, समझकर भी दुर्मेधा ने, रघुनंदन।
कौतूहलवश सहस्राक्ष संग संगम का कर दिया समर्थन॥

बोली रति-तुष्टा ऋषि-पत्नी मैं कृतार्थ हूं अतिशय सुरवर!।
प्रभो! आप अब इस आश्रम से यत्नपूर्वक जायें सत्वर॥

मेरी और स्वयं की रक्षा ऋषि-प्रकोप से करें सुरेश्वर!।
तब बोले यह वाक्य अहल्या से, महेंद्र वे तत्क्षण हंसकर॥

मैं जैसे आया था सुंदरि! उसी भांति से जाऊंगा अब।
इंद्र अहल्या से संगम कर आश्रम से बाहर आये तब॥

गौतम के आने की शंका से थे इंद्र पलायन-तत्पर।
तब देखा, करते प्रवेश हैं आश्रम में प्रत्यक्ष मुनीश्वर॥

देव-दनुज-दुर्धर्ष तपोबल से वे मुनिवर परम समन्वित।
तीर्थोदक-सिंचित शरीर से अग्नि-सदृश होते थे दीपित॥

हाथों में वे लिये हुए थे समिधाएं, कुश यज्ञ-कार्य हित।
उन्हें देखते ही विषण्णमुख इंद्र हुए भय से अतिकंपित॥

परम दुराचारी महेंद्र को मुनिस्वरूप में तभी देखकर।
मुनिवर गौतम कुपित हुए अति फिर वे बोले सदाचारि वर॥

रखकर मेरा रूप दुर्मते! पापकर्म करने से अतिशय।
होगा विफल (अंडकोषों से) मुझसे शापित होकर निश्चय॥

कुपित महात्मा गौतम-मुख से निकले जैसे ही शाप-वचन।
वैसे ही उस समय इंद्र के हुआ अंडकोषों का प्रपतन॥

वे मुनि देकर शाप इंद्र को हुए अहल्या पर भी प्रकुपित।
उससे बोले, वर्ष सहस्रों यहीं रहेगी तू भी शापित॥

पीकर पवन, भस्म में रहकर क्षुधा, तृषा के कष्ट सहेगी।
सभी प्राणियों से अदृश्य हो इस आश्रम में वास करेगी॥

जब इस घोर विपिन में भार्ये! अति दुर्धर्ष राम आयेंगे।
तब हो पायेगी पवित्र तू, पाप-व्यूह सब मिट जायेंगे॥

लोभ, मोह, सब दोष मिटेंगे उनका ही करने से आदर।
पास हमारे तू आयेगी दिव्य देह अपना फिर पाकर॥

अपनी दुराचारिणी पत्नी से ऐसा कहकर तदनंतर।
महातपस्वी अतितेजस्वी गौतम गये निजाश्रम तजकर॥

और सिद्ध-चारण-जन-सेवित हिमगिरि के रमणीय शिखर पर।
(जाकर करने लगे तपस्या शुभाचरण में होकर तत्पर)॥

होकर अंडकोषों से वंचित वे महेंद्र संत्रस्त नयन अति।
बोले अग्नि, सिद्ध, चारण, सुर और सभी गंधर्वों के प्रति॥

देवो! गौतम-तप खंडन कर मैंने किया उन्हें प्रकुपित।
इससे सिद्ध किया है निश्चय कार्य आप सबका ही समुचित॥

मुझे शाप देकर अफल किया, फिर निज पत्नी को त्याग दिया है।
क्रोधित मुनि ने, इससे मैंने उनके तप का हरण किया है॥

अपने कार्य-सिद्ध-कर्ता को यत्नपूर्वक सुर, ऋषि, चारण।
अंडकोषों से युक्त करें! अब जिससे हो संकष्ट-निवारण॥

इंद्र-वचन सुन मरुद्गणों संग अग्नि पुरोगम देव, ऋषि प्रमुख।
पितृलोक में जाकर बोले तभी पितृ देवों के सम्मुख॥

मेष आपका वृषण-सहित है और इंद्र हैं वृषण-विवंचित।
पितरो! इससे अर्पित कर दें इसका वृषण शचीपति के हित॥

आप सभी को तुष्ट करेगा अवृषण मेष यहीं पर रहकर।
तथा आपके लिए वृषण से रहित मेष देंगे जो भी नर॥

उन्हें आप सब प्रमुदित होकर देंगे श्रेयस्कर उत्तम फल।
(वे पायेंगे आयु, पुत्र, धन, धान्य आदि सुख निश्चय निश्चल)॥

पितरों ने यह अग्नि-वचन सुन मेष-वृषण का करके त्रोटन।
इंद्र-अंग के उचित स्थान पर एकत्रित हो, किया नियोजन॥

बधिया मेष-प्रयोग तभी से वे आगत, काकुत्स्थ! पितृगण।
करते हैं उपयोग, प्रदाता को देते उत्तम फल तत्क्षण॥

उसी समय से, हे रघुनंदन! मुनि गौतम-तप के प्रभाव से।
धारण करने पड़े इंद्र को मेष-वृषण अति विवश भाव से॥

अब तेजस्वी राम! चलो तुम शीघ्र पुण्यकर्मा आश्रम पर।
और करो उद्धार अहल्या भाग्यवती देवी का सत्वर॥

विश्वामित्र मुनीश्वर का यह भलीभांति से वचन श्रवण कर।
लक्ष्मण-सहित राम आश्रम में हुए प्रविष्ट, उन्हें आगे कर॥

वहां अहल्या भाग्यशालिनी को देखा तप से अति दीपित।
देख न सकते थे जिसको सुर, मानव, दानव बली असीमित॥[5]

अहिल्या प्रकरण : कम्बन

वे प्राचीर-वलयित मिथिला के पास पहुंचे और अलंकृत उच्च पताकाओं वाले प्राचीर के इस पार खड़े हो गये। वहां खुले मैदान में ऊंचाई पर एक काली शिला थी, जो किसी समय में अहिल्या थी, महामहर्षि की वह पत्नी जिसने गृहस्थी की गरिमा को नष्ट करते हुए अपना चरित्र खोया था। (पद संख्या 547)

राम की दृष्टि शिला पर पड़ी। उनकी चरण-धूलि के लगने पर अहिल्या अपने पूर्वरूप में आकर खड़ी हो गयी जैसे भगवान के चरणों में आते ही अविद्या-प्राप्त मिथ्या रूप को छोड़ कर ज्ञानी आत्म-रूप को पा गये हों। (548)

इसके बाद राम विश्वामित्र से पूछते हैं कि यह सुंदर स्त्री पत्थर कैसे बन गयी थी। विश्वामित्र जवाब देते हैं :

> सुनिए, एक बार उज्ज्वल कुलिशपाणि इंद्र ने दुर्गुण-विमुक्त-चित्त महर्षि गौतम की अनुपस्थिति के समय उनकी मृगनयनी पत्नी के मनोरम उरोजों के स्पर्श का सुख भोगना चाहा। (551)
>
> कामदेव के बाणों से आहत, भाले की तरह बेधती दृष्टि से आहत इंद्र उस पीड़ा से मुक्ति का उपाय ढूंढ़ते फिरे। एक दिन काम-मोह में अपनी बुद्धि खोकर उन्होंने गौतम को आश्रम से हटाने का उपाय किया; फिर जिन मुनिवर के मन को असत्य छू भी नहीं गया था, उनका रूप धर कर आश्रम में प्रवेश कर गये। (552)
>
> प्रवेश करके वे अहिल्या के साथ संभोग में लग गये। कामोद्दीप्त यह संगम अपूर्व था और इसने मधुर सुरा के समान दोनों को नशे में चूर कर दिया। अहिल्या सत्य जान गयीं, फिर भी संभल नहीं पायीं और मग्न रह गयीं। किंतु त्रिलोचन शिवजी के समान शक्ति रखने वाले मुनि गौतम ने देर नहीं की और त्वरित गति से लौट आये। (553)
>
> गौतम, जो प्रत्यंचा पर रख कर बाण नहीं चलाते थे, शाप और वर की अचूक शक्ति से संपन्न थे। जब वे आये, तो उन्हें देख कर असमाप्य विश्व में कभी समाप्त न होने वाली निंदा का पात्र बनी अहिल्या भयभीत हो एक ओर खड़ी रहीं। डर से इंद्र भी कांप गये और एक बिल्ली का रूप लेकर वहां से खिसकने लगे। (554)

जो कुछ हुआ था, उसे आग बरसाती आंखों से देख कर गौतम ने, हे राम! आपके संतापी शर के समान, ये शब्द कहे, 'तुम्हारे शरीर पर सहस्र योनियां उत्पन्न हो जायें।' पलक झपकते ही इंद्र का शरीर उनसे युक्त हो गया। (555)

लज्जा से गड़े हुए और पूरी दुनिया के लिए हास्य का पात्र बन कर इंद्र रवाना हुए। अपनी मृदुल स्वभाव वाली पत्नी को देख मुनि ने शाप दिया, 'ओ वेश्या-समान स्त्री! तू पत्थर बन जा।' और वह कठोर, काली शिला में बदल कर वहीं गिर गयीं। (556)

फिर भी गिरने से पहले उन्होंने अनुनय किया, 'ओ मेरे शिव-सम स्वामी! कहते हैं, अपराध को क्षमा करना भी बड़ों का कर्तव्य है। आप मुझे शाप-मोचन का कुछ उपाय बताइए।' मुनि ने कहा, 'भ्रमर-गुंजरित शीतल माला से अलंकृत राम आयेंगे। उनकी चरण-धूलि लगने पर तुम्हें इस प्रस्तर-शरीर से मुक्ति मिलेगी।' (557)

उधर देवताओं ने अपने राजा को देखा और ब्रह्मा के नेतृत्व में वे गौतम के पास पहुंचे और गौतम से कृपा करने की उन्होंने प्रार्थना की। गौतम अब तक शांत हो चुके थे। इसलिए उन्होंने उन अवयवों को सहस्र नेत्रों में बदल दिया। अहिल्या पत्थर की मूर्ति बनी पड़ी रहीं। (558)

यही पूर्ववृत्तांत है। अब आगे से संसार के प्राणियों के लिए कोई दुख नहीं होगा, केवल मुक्ति होगी। ओ मेघ-वर्ण प्रभु श्रीराम! अंजन वर्ण (काले रंग) की ताड़का से जो आपने युद्ध किया उसमें मैंने आपके हाथ की महिमा देखी और यहां आपके चरणों की। (559)[6]

आइए, ज़रा तेज़ी से इन दो वाचनों के कुछ अंतरों को देखें। वाल्मीकि के यहां इंद्र जिस अहिल्या का शीलभंग करते हैं, वह स्वयं इच्छुक है। कम्बन के यहां अहिल्या यह महसूस करती है कि वह ग़लत कर रही है, लेकिन वह उस निषिद्ध आनंद को छोड़ नहीं सकती; कविता पहले ही यह संकेत कर चुकी है कि उसके विद्वान पतिदेव पूरी तरह अध्यात्मलीन हैं–वहां ऐसे विवरण आते हैं जो मिल कर शीलभंग की घटना को एक मनोवैज्ञानिक सूक्ष्मता दे देते हैं। इंद्र एक बिल्ली का रूप धर कर चुपके से निकल जाना चाहते हैं, जो कि सीधे-सीधे लोकसाहित्य की एक रूढ़ि (मोटिफ़) है (मिसाल के लिए, यह *कथासरित्सागर* में भी मिलता है जो संस्कृत में ग्यारहवीं सदी में किया गया लोककथाओं का एक सार-संग्रह है)।[7] उन्हें हज़ार योनियों को धारण करने का अभिशाप मिलता है, जिसे बदल कर बाद में हज़ार आंखें कर दिया गया है। और अहिल्या एक जड़ पत्थर में तब्दील हो जाती है। दोनों अपराधियों को दंडित करने वाला काव्यात्मक न्याय उनके दुष्कर्मों के अनुरूप है। इंद्र उस वस्तु के चिह्नों को धारण करते हैं जिसके लिए वे लार टपका रहे थे, जबकि अहिल्या किसी भी चीज़ के प्रति अनुक्रियाशील होने की क्षमता से वंचित कर दी जाती है। वाल्मीकि के यहां अनुपस्थित इन अभिप्रायों के साक्ष्य दक्षिण भारतीय लोकसाहित्य और दूसरी दक्षिणी रामकथाओं, अभिलेखों और आरंभिक तमिल काव्यों, साथ-ही-साथ ग़ैर-तमिल स्रोतों में मौजूद हैं। यहां और अन्यत्र भी, कम्बन न सिर्फ़ अपने पूर्ववर्ती वाल्मीकि की सामग्रियों का पूरा-पूरा इस्तेमाल करते हैं, बल्कि अनेक क्षेत्रीय लोक परंपराओं को भी उसमें सम्मिलित करते हैं। बाद को अक्सर कम्बन के ज़रिये ही ये चीज़ें दूसरी रामायणों का हिस्सा बनती हैं।

शिल्पविधि के मामले में कम्बन वाल्मीकि के मुक़ाबले अधिक नाटकीय भी हैं। पहले राम के चरण काले रंग के पत्थर को अहिल्या में रूपांतरित करते हैं, उसके बाद ही अहिल्या की कथा सुनायी जाती

है। राम की प्रतीक्षा में एक ऊंची जगह पर स्थित काली शिला अपने-आप में एक बहुत ही प्रभावशाली, जीवंत प्रतीक है। अहिल्या का पुनरुज्जीवन, एक ठंडे प्रस्तर से मांसल मानवीय ऊष्मा की ओर उसका जागरण, भक्तिसाधना के प्रभाव से परमात्मा में उपस्थित अपने रूप के प्रति आत्मा की जागरूकता का अंकन बन जाता है।

और अंत में, अहिल्या प्रकरण काव्य में आये पिछले प्रकरणों से जुड़ा है, जैसे कि उस प्रसंग से जिसमें राम राक्षसी ताड़का का वध करते हैं। वहां वे बुरी शक्तियों के विनाशक थे, अपने शत्रुओं को वंध्या बनाने और उन्हें मृत्यु के मुख में झोंकने वाले। यहां, अहिल्या के उद्धारक के रूप में, वे उर्वरता के मेघ-श्यामल देवता हैं। कम्बन के पूरे काव्य में राम एक तमिल नायक, एक उदार दाता और शत्रुओं के निर्मम विनाशक हैं। और भक्ति का दर्शन, पत्थर बनी हुई अभिशप्त अहिल्या की मुक्ति को, सांसारिक दुखों से सभी आत्माओं की मुक्ति के राम के अवतारी मिशन का उदाहरण बना देता है।

वाल्मीकि के यहां राम का चरित्र ईश्वर का नहीं, बल्कि ईश-मानव का है जिसे तमाम तरह के उतार-चढ़ाव में पड़े मानवीय रूप की सीमाओं के भीतर रहना है। कुछ लोगों का मत है कि राम के ईश्वरत्व और रावण का नाश करने के लिए उनके अवतार-ग्रहण की बातें, और महाकाव्य का पहला और आख़िरी कांड, जिसमें राम को इस तरह के प्रयोजन के साथ अवतरित ईश्वर के रूप में बखाना गया है, बाद के प्रक्षिप्त अंश हैं।[8] अस्तु, कम्बन के यहां तो वे साफ़ तौर पर एक भगवान हैं। इसीलिए पीछे उद्धृत अंश धार्मिक भावनाओं और भागवत बिंबों से भरा पड़ा है। 12 वीं सदी में लिख रहे कम्बन ने तमिल भक्ति के प्रभाव में अपनी कविताएं रचीं। उन्होंने श्रीवैष्णव संतों में सबसे प्रमुख, नम्मालवार (9वीं सदी?) को अपना गुरु माना था। इसलिए कम्बन के लिए राम एक भगवान हैं जो बुराइयों को निर्मूल करने, अच्छाई को बनाये रखने, और सभी जीवित प्राणियों को मुक्ति दिलाने के अभियान पर निकले हुए हैं। अहिल्या का सामना

होने के साथ यह सिलसिला शुरू होता है और रावण का सामना होने के साथ ख़त्म होता है। नम्मालवार के लिए राम दीनहीन घास से लेकर महान देवताओं तक, सभी के त्राणकर्ता हैं।

राम की कृपा से

राम के सिवा किसी भी चीज़ का ज्ञान
कोई क्यों अर्जित करे?

दीनहीन घास
और रेंगती चींटियों से लेकर
ऐसा क्या है जिसे उन्होंने शरण नहीं दी

उन्होंने प्रत्येक जंगम और जड़ वस्तु को
अपनी नगरी में शरण दी

चतुर्मुख ब्रह्मा की बनायी हुई प्रत्येक वस्तु को
उन्होंने शरण दी

उन सबको शरण देकर
वे सर्वोत्तम अवस्था तक ले गये।

नम्मालवार 7.5.1[9]

कम्बन का महाकाव्य नम्मालवार की रामविषयक दृष्टि को विस्तारपूर्वक और भावाविष्ट तरीक़े से रूपायित करता है।

इस तरह अहिल्या प्रसंग बुनियादी तौर पर वही है, लेकिन उसकी कताई, उसका टेक्स्चर, उसके रंग बहुत भिन्न हैं। उत्तरवर्ती कवि के वाचन में जो सौंदर्यात्मक आनंद है, वह अंशतः पूर्ववर्ती के काम का कलात्मक विधि से उपयोग करने, उसे परिवर्तित करने का परिणाम है। कुछ हद तक बाद की सभी रामायणें पिछले वाचनों के ज्ञान का लाभ उठाती हैं : [इस तरह] वे [यानी पहले वाली]

अधि-रामायणें हैं। मैं अपना पसंदीदा उदाहरण दोहराने से ख़ुद को रोक नहीं पा रहा। बाद की कई रामायणों (जैसे कि 16वीं सदी की *अध्यात्म रामायण*) में जब राम को वनवास मिल जाता है, तो वे नहीं चाहते कि सीता उनके साथ वन जायें। सीता उनसे तर्क-वितर्क करती हैं। सबसे पहले वे आम चलताऊ दलीलों का प्रयोग करती हैं : वे राम की पत्नी हैं, उन्हें राम के दुखों का साझीदार बनना चाहिए, राम के निर्वासन की स्थिति में उन्हें भी निर्वासित होना चाहिए, वगैरह-वगैरह। राम इसके बावजूद जब विरोध करते हैं, तो सीता उग्र हो जाती हैं। वे फूट पड़ती हैं, 'असंख्य रामायणें इससे पहले लिखी जा चुकी हैं। क्या आप एक भी ऐसी रामायण जानते हैं जिसमें सीता राम के साथ वन को न गयी हों?' यहां बहस नतीजे पर पहुंच जाती है और वे राम के साथ वन चली जाती हैं।[10] और चूंकि भारत में कोई भी चीज़ एक ही बार घटित नहीं होती, इसलिए यह मोटिफ़ भी एकाधिक रामायणों में दिखलायी पड़ता है।

ख़ुद कम्बन की तमिल रामायण भी अपनी संतति परंपरा, अपने प्रभाव का विशेष दायरा बनाती है। तेलुगु प्रदेश में तेलुगु लिपि में पढ़ी जाने वाली, मलयालम इलाक़ों में मंदिर अनुष्ठान के हिस्से की तरह नाट्य-रूप में मंचित होने वाली यह रामायण दक्षिण-पूर्व एशिया में रामकथा के प्रसारण की एक अहम कड़ी है। यह भलीभांति दिखाया जा चुका है कि अठारहवीं सदी का थाई काव्य *रामकियेन* इस तमिल महाकाव्य का ख़ासा ऋणी है। जैसे, इस थाई कृति में कई चरित्रों के नाम संस्कृत नहीं, स्पष्टतः तमिल नाम हैं (मिसाल के लिए, संस्कृत में ऋष्यश्रृंग किंतु तमिल में कलाईक्कोटु, जो कि बाद में थाई भाषा में भी ले लिया गया)। हिंदी में तुलसी का *रामचरितमानस* और मलेशियाई *हिकयत सेरी राम* भी कुछ ब्यौरों के लिए कम्बन के ऋणी हैं।[11]

इस तरह, ज़ाहिर है, प्रत्यारोपण कई रास्तों से होता है। संसार की कुछ भाषाओं में चाय के लिए शब्द उत्तरी चीनी बोली से लिया

गया है, कुछ में दक्षिणी बोली से; लिहाज़ा, अंग्रेज़ी और फ्रांसीसी जैसी कुछ भाषाओं में किसी-न-किसी रूप में *टी* शब्द मिलता है, तो हिंदी और रूसी जैसी अन्य भाषाओं में *चा(य)*। इसी तरह, जान पड़ता है कि रामकथा ने, संतोष देसाई के अनुसार, तीन राहों से होकर सफ़र किया है : 'ज़मीन के रस्ते उत्तरी राह ने कथा को पंजाब और कश्मीर से चीन, तिब्बत और पूर्वी तुर्किस्तान में पहुंचाया; समुद्र के रस्ते दक्षिणी राह ने कथा को गुजरात और दक्षिण भारत से जावा, सुमात्रा और मलय में पहुंचाया; और फिर ज़मीन के रस्ते पूर्वी राह ने कथा को बंगाल से बर्मा, थाईलैंड और लाओस पहुंचाया। वियतनाम और कंबोडिया ने अपनी कथाएं अंशतः जावा और अंशतः भारत से पूर्वी राह के ज़रिये हासिल कीं।'[12]

जैन वाचन

जब हम जैन वाचनों की दुनिया में दाख़िल होते हैं, तो पाते हैं कि यहां रामकथा हिंदू मूल्यों की वाहक नहीं रह गयी है। निश्चित रूप से, जैन पाठ यह भावना व्यक्त करते हैं कि हिंदुओं, विशेषतः ब्राह्मणों ने रावण को बदनाम किया है, उन्हें खलनायक बनाया है। एक जैन पाठ इस सवाल के साथ शुरू होता है, 'रावण जैसे शक्तिशाली राक्षस योद्धाओं को बंदर कैसे परास्त कर सकते हैं? रावण जैसे कुलीन व्यक्ति और सम्मानित जैन कैसे मांस खा सकते और खून पी सकते हैं? कुंभकर्ण कैसे साल के छह महीने लगातार सो सकता है और कान में खौलता हुआ तेल डाले जाने, हाथियों को उसके ऊपर कुदाये जाने और चारों ओर युद्ध की तुरही और बिगुल बजाये जाने के बावजूद जगता नहीं? यह भी कहा जाता है कि रावण ने इंद्र को पकड़ा और उनके हाथ बांध कर उन्हें लंका में घसीट लिया। इंद्र के साथ कौन ऐसा कर सकता है? ये सारी बातें बहुत काल्पनिक और अतिवादी प्रतीत होती हैं। ये झूठ हैं और इनमें कोई तार्किक संगति नहीं।' इन सवालों के साथ राजा श्रेणिक

महावीर के प्रधान शिष्य गौतम के पास जाते हैं, ताकि वे उन्हें सही कथा बतायें और उनकी शंकाओं का निवारण करें। गौतम उनसे कहते हैं, 'मैं तुम्हें वह बताऊंगा जो सुधी जैन लोग कहते हैं। रावण कोई दानव नहीं है, वह नरभक्षी और मांसाहारी नहीं है। ग़लत ढंग से सोचने वाले कुकवि और मूर्ख ये झूठ बोलते हैं।' इसके बाद वे कथा का अपना पाठ बताना शुरू करते हैं।[13] स्पष्टतः, विमल सूरि की जैन रामायण, जिसका नाम *पउमचरियं* (संस्कृत के *पद्मचरित* का प्राकृत रूप) है, अपने वाल्मीकि को जानती है और उसके दोषों तथा हिंदू अतिरेकों का मार्जन करने का प्रयास करती है। दूसरे जैन पुराणों की तरह ही यह भी एक प्रति-पुराण है। *प्रति,* यानी 'विपरीत' या 'विरोधी', जैनों का पसंदीदा उपसर्ग है।

जैन कवि विमल सूरि राम की नहीं, बल्कि रावण की वंशपरंपरा और महानता के बखान के साथ कथा की शुरुआत करते हैं। रावण जैन परंपरा के तिरसठ नेताओं या शलाकापुरुषों में से एक हैं। वे कुलीन हैं, विद्वान हैं, अपनी समस्त चमत्कारिक शक्तियां और अस्त्र अपनी तपस्या के द्वारा अर्जित करते हैं, और जैन गुरुओं के भक्त हैं। उनमें से एक गुरु को प्रसन्न करने के लिए वे यह प्रतिज्ञा तक करते हैं कि वे किसी अनिच्छुक स्त्री का स्पर्श तक नहीं करेंगे। एक यादगार घटना वह है जब वे एक अपराजेय दुर्ग को घेरते हैं। उस राज्य की रानी उनसे प्यार करती है। वह उनके पास एक संदेशवाहक भेजती है; वे दुर्ग को भेदने में अपने अर्जित ज्ञान का उपयोग करते हैं और राजा को पराजित करते हैं। लेकिन जैसे ही वे उसे जीतते हैं, तुरंत वह राज्य राजा को वापस कर देते हैं और रानी को सलाह देते हैं कि अपने पति के पास लौट जाये। बाद में, किसी ज्योतिषी से यह सुन कर वे अंदर तक हिल जाते हैं कि वे एक स्त्री, सीता, के चलते ही अपने अंत को प्राप्त होंगे। इस तरह के हैं ये रावण, जो सीता की सुंदरता के प्यार में पड़ जाते हैं, उनका अपहरण करते हैं, उनका दिल जीतने की नाकाम कोशिश करते हैं, अपने को

पतन का शिकार होता देखते हैं, और अंततः युद्धक्षेत्र में मारे जाते हैं। इन वाचनों में वे एक ऐसे महान व्यक्ति हैं जो अपने उसी आवेग के हाथों नष्ट हो जाता है जिसके ख़िलाफ़ उसने शपथ ली थी पर जिसका मुक़ाबला वे कर नहीं पाते। जैन रामायणों की एक अन्य परंपरा में सीता उनकी पुत्री हैं, हालांकि उन्हें यह बात पता नहीं है : इस इडीपसीय स्थिति से उनकी त्रासदी और बढ़ जाती है। मैं अगले खंड में सीता के जन्म के बारे में ज़्यादा बात करूंगा।

वस्तुतः, हमारी आधुनिक दृष्टि में, यह रावण एक ट्रैजिक पात्र है; जैनों की कथा सुन कर रावण के लिए हमारे मन में प्रशंसा और दया का भाव जगता है। एक और मोटिफ़ सुनाऊं : जैन चिंतन पद्धति के अनुसार, विरुद्धों की एक जोड़ी, वासुदेव और प्रतिवासुदेव–एक नायक और एक प्रतिनायक, लगभग स्वयं और अन्य की तरह–हर जन्म में लड़ने के लिए अभिशप्त हैं। लक्ष्मण और रावण इस जोड़ी के आठवें अवतार हैं। वे हर युग में जन्म लेते हैं, अनेक उतार-चढ़ावों के बाद संग्राम में आमने-सामने होते हैं, और हर मुठभेड़ में वासुदेव अवश्यंभावी रूप से अपने प्रतिद्वंद्वी को, अपने *प्रति* को, मार डालते हैं। [यहां भी] रावण अंत में यह समझ लेते हैं कि लक्ष्मण उनका जीवन लेने आये वही वासुदेव हैं। फिर भी, शांति के लिए अंतिम असफल प्रयास के बाद अपनी हताशा पर विजय पाते हुए वे अपने सबसे शक्तिशाली चमत्कारी अस्त्रों के साथ अपने नियत शत्रु का सामना करते हैं। अंत में वे अपना चक्र चलाते हैं, पर वह काम नहीं करता। लक्ष्मण को वासुदेव रूप में पहचान कर वह चक्र उनका सर क़लम नहीं करता, बल्कि स्वयं को उनके हाथों में सौंप देता है। इस तरह लक्ष्मण रावण के अपने प्रिय अस्त्र से ही उनका वध कर डालते हैं।

यहां राम रावण का वध नहीं करते, जैसा कि हिंदू रामायणों में मिलता है। कारण यह कि राम एक उन्नत जैन आत्मा हैं जिन्होंने अपने आवेगों को जीत लिया है; यह उनका आख़िरी जन्म है, इसलिए वे किसी को भी मारने के लिए अनिच्छुक हैं। शत्रुओं को

मारने का काम लक्ष्मण पर छोड़ दिया गया है, और जैनों के अटल-अनमनीय तर्क के अनुसार लक्ष्मण नरक जाते हैं जबकि राम को कैवल्य प्राप्त होता है।

कहने की ज़रूरत नहीं कि *पउमचरियं* जैन तीर्थस्थलों के हवालों, जैन मुनियों, धर्मोपदेशकों और महापुरुषों की कथाओं से भरा पड़ा है। इसके अलावा, चूंकि जैन लोग ख़ुद को बुद्धिवादी मानते हैं–हिंदुओं से भिन्न, जो कि उनके अनुसार अतिवादी, और अक्सर रक्तपिपासु क़िस्म के सनकीपन और अनुष्ठानों में लिप्त रहते हैं–वे सुनियोजित रूप से चमत्कारिक जन्मों, पशु-बलियों इत्यादि से जुड़े प्रसंगों को छोड़ देते हैं (राम और उनके भाइयों का जन्म सामान्य तरीक़े से हुआ है)। वे रावण के दशानन होने की धारणा की भी बुद्धिसंगत व्याख्या करते हैं। रावण के जन्म पर उनकी मां को नौ रत्नों का एक कंठहार दिया गया था, जिसे मां ने रावण के गले में डाल दिया। उन्हें उसमें रावण के मुख के नौ प्रतिबिंब दिखे जिसके चलते उन्होंने रावण को दशमुख कहा। बंदर भी बंदर नहीं हैं, बल्कि दिव्य शक्तियों (विद्याधरों) का एक वंश हैं जिनके पुरखे रावण और उनके परिवार से संबंधित थे। उनकी पताका पर बंदर प्रतीक चिह्न के रूप में अंकित है : इसीलिए वे वानर कहे जाते हैं।

लिखित से मौखिक की ओर

अब हम एक दक्षिण भारतीय लोक रामायण को देखें। इन दक्षिण भारतीय लोक रामायणों में सामान्यतः कथा टुकड़ों-टुकड़ों में आती है। मिसाल के लिए, कन्नड़ में हमें सीता के जन्म, उनके विवाह, उनके सतीत्व की परीक्षा, वनवास, लव और कुश के जन्म, उनके पिता राम के साथ उनका युद्ध, और इस तरह की अन्य चीज़ों पर अलग-अलग आख्यानमूलक काव्य मिलते हैं। लेकिन पारंपरिक भाटों द्वारा कही गयी एक पूरी रामकथा भी मिलती है जिसमें हर दो पंक्तियों पर समूहगान में दुहरायी जाने वाली एक टेक है।

अधोलिखित विचार-विमर्श के लिए मैं रामे गौड़ा, पी. के. राजशेखर और एस. बसवैया द्वारा किये गये लिप्यंकन का आभारी हूं।[14]

अस्पृश्य भाट द्वारा गाया गया यह लोक आख्यान रावण (यहां उन्हें रावुला कहा गया है) और उनकी पत्नी मंदोदरी के साथ शुरू होता है। वे दुखी और संतानहीन हैं। इसलिए रावण या रावुला जंगल जाते हैं, वहां हर तरह के आत्मपीड़न करते हैं, जैसे भूमि पर लोटते हुए अपनी पीठ से खून निकाल देना इत्यादि, और एक योगी से मिलते हैं जो कोई और नहीं, स्वयं शिव हैं। शिव उन्हें एक चमत्कारी आम देते हैं और पूछते हैं कि वे इसे पत्नी के साथ कैसे बांट कर खायेंगे। रावुला कहते हैं, 'बेशक, मैं इस फल का मीठा गूदा उसे दूंगा और ख़ुद इसकी गुठली चूसूंगा।' योगी का संदेह बना रहता है। वे रावुला से कहते हैं, 'तुम मुझसे कुछ और बात कहते हो। तुम्हारी नाभि में विष है। तुम मुझे अच्छी बात कह रहे हो, पर तुम्हारा आशय कुछ और है। अगर तुमने मुझसे झूठ कहा तो तुम अपने कर्मों का फल स्वयं चखोगे।'

कवि कहता है कि रावुला सपनों में कुछ और सोचते हैं और जाग्रतावस्था में कुछ और। जब वे आनुष्ठानिक पूजा के लिए कई तरह के फूलों और लोबान आदि के साथ फल को घर लाते हैं तो मंदोदरी बहुत प्रसन्न होती हैं। शिव की पूजा और प्रार्थना के बाद रावण आम का बंटवारा करने चलते हैं। लेकिन सोचते हैं, 'अगर मैं उसे फल दे दूं तो मैं भूखा रह जाऊंगा और उसका पेट भर जायेगा', और वे तेज़ी से फल का सारा गूदा उदरस्थ कर लेते हैं, मंदोदरी के हाथ सिर्फ़ चाटने के लिए गुठली रहती है। वह उसे पिछवाड़े में फेंक देती है और वह अंकुरित होकर एक विशाल आम्रवृक्ष बन जाता है। इस बीच, रावुला ख़ुद गर्भवान हो जाते हैं और उनकी गर्भावस्था प्रतिदिन एक महीने की प्रगति के हिसाब से आगे बढ़ती है :

> एक दिन में यह एक महीने का था, हे शिव।
> दूसरे दिन, यह दूसरा महीना था,

और वह दिखने लगा था, हे शिव।
मैं पुरुषों की दुनिया को कैसे मुंह दिखाऊंगा, हे शिव।
तीसरे दिन, यह तीसरा महीना था,
मैं दुनिया को कैसे मुंह दिखाऊंगा, हे शिव।
चौथे दिन, यह चौथा महीना था
इसे कैसे सहूं, हे शिव।
पांच दिन बीते और यह पांच महीने का हो गया,
हे भगवान, तुमने मुझे क्या मुसीबत दे दी, हे शिव।
मैं इसे सह नहीं सकता, मैं इसे सह नहीं सकता, हे शिव।
मैं कैसे जियूंगा, दयनीय रावुला चीत्कार करता है।
छह दिन, और इसके छह महीने बीत चुके, हे माता,
सात दिनों में यह सात महीने का था।
कितना शर्मनाक है,
और जल्दी ही यह आठवां आ गया, हे शिव।
रावुला अपना नौवां महीना पूरा कर चुका।
जब वह पूरी तरह से तैयार हो गया, तब उसने जन्म लिया,
उस प्रिय सीता ने जन्म लिया उसकी नाक से
वह छींक मारता है और सीतम्मा जन्म लेती है,
और रावुला उसे सीतम्मा नाम देता है।[15]

कन्नड़ में सीता शब्द का मतलब है 'उसने छींका' : रावण उसे सीता बुलाते हैं क्योंकि वह उनकी छींक से पैदा हुई है। इस तरह सीता के नाम को एक कन्नड़ लोक-व्युत्पत्ति के द्वारा समझाया गया है, वैसे ही जैसे संस्कृत पाठों में इस नाम की संस्कृत व्युत्पत्ति मिलती है : वहां राजा जनक उन्हें [खेत में] हल से बनी रेखा में पाते हैं, जिसे सीता कहा जाता है। इसके बाद रावुला ज्योतिषियों के पास जाते हैं, जो उन्हें बताते हैं कि यह शिव के सामने कही गयी बात पर क़ायम न रहने और अपनी पत्नी को फल का गूदा खिलाने के बजाय स्वयं खा

लेने का दंड है। वे बच्ची को खिला-पिला कर और वस्त्र पहना कर किसी जगह छोड़ आने की सलाह देते हैं जहां वह किसी दम्पति को मिलेगी और उनके द्वारा पालित-पोषित होगी। रावण उसे एक बक्से में बंद कर जनक के खेत में छोड़ आते हैं।

सीता-जन्म की इस कथा के बाद ही कवि राम और लक्ष्मण के जन्म और कारनामों का वर्णन करता है। उसके बाद एक लंबा खंड आता है जो सीता के विवाह की प्रतियोगिता पर है। वहां रावुला आते हैं और अपमानित होते हैं, क्योंकि जिस भारी धनुष को उठाना है उसके भार से वे गिर जाते हैं। राम उस धनुष को उठा लेते हैं और सीता से विवाह करते हैं। बाद में सीता रावुला के द्वारा अगवा कर ली जाती हैं। राम अपने वानर सहयोगियों के साथ लंका की घेराबंदी करते हैं, और (एक छोटे खंड में) सीता को पुनर्प्राप्त करते हैं और उनका राज्याभिषेक होता है। इसके बाद कवि सीता की परीक्षा के प्रसंग पर आता है। उनके बारे में मिथ्यापवाद फैलता है और उन्हें राज्य से निकाल दिया जाता है, लेकिन वह जुड़वां बच्चों को जन्म देती हैं जो बड़े होकर योद्धा बनते हैं। वे राम के अश्वमेध यज्ञ के घोड़े को बांध देते हैं, घोड़े की देखरेख के लिए भेजी गयी सेना को पराजित कर देते हैं और अंततः अपने माता-पिता को फिर से मिला देते हैं, इस बार हमेशा-हमेशा के लिए।

यहां सिर्फ़ एक भिन्न टेक्स्चर और बलाघात ही नहीं दिखता : प्रस्तोता हर जगह सीता की ओर–उनके जीवन, उनके जन्म, उनके विवाह, उनके अपहरण और वापसी की ओर–लौटने के लिए समुत्सुक है। राम और लक्ष्मण के जन्म, वनवास और रावण के साथ युद्ध पर जितने बड़े खंड हैं, उनकी बराबरी के पूरे-पूरे खंड सीता के निर्वासन, गर्भधारण, और पति के साथ पुनर्मिलाप को समर्पित हैं। इसके अलावा, एक पुरुष रावण के गर्भ से पुत्री के रूप में उनका असामान्य जन्म कथा में अनेक नयी व्यंजनाओं को ले आता है : गर्भ और संतानोत्पत्ति के प्रति पुरुष-ईर्ष्या, जो कि भारतीय साहित्य में

बारंबार आने वाली एक थीम है, और पुत्रियों के पीछे लगे पिताओं–और, इस मामले में, अगम्यगमन करने वाले पिता की मृत्यु का कारण बनने वाली पुत्री–से जुड़ी भारतीय इडीपसीय थीम।[16] अन्यत्र भी सीता के रावण की पुत्री होने का मोटिफ़ अनजाना नहीं है। यह जैन कथाओं की एक परंपरा (उदाहरण के लिए, संघदास की कति *वासुदेवहिण्डि* में) और कन्नड़ तथा तेलुगु की लोक परंपराओं में, साथ ही साथ अनेक दक्षिण-पूर्व एशियाई रामायणों में आता है। कुछ जगहों पर यह प्रसंग आता है कि रावण अपनी लोलुप युवावस्था में एक युवती का मर्दन करता है, जो प्रतिशोध लेने का संकल्प करती है और फिर उसका नाश करने के लिए उसकी पुत्री के रूप में पुनर्जन्म लेती है। इस तरह मौखिक परंपरा प्रसंगों के एक ऐसे, बिल्कुल अलग, समूह में भागीदारी करती प्रतीत होती है जो वाल्मीकि के यहां अज्ञात है।

दक्षिण-पूर्व एशिया का एक उदाहरण

भारत से दक्षिण-पूर्व एशिया की ओर जाने पर हमें तिब्बत, थाईलैंड, बर्मा, लाओस, कंबोडिया, मलेशिया, जावा और इंडोनेशिया में रामकथा के भिन्न-भिन्न वाचन मिलते हैं। यहां हम सिर्फ़ एक उदाहरण, थाई रामायण *रामकीर्ति,* को देखेंगे। संतोष देसाई के अनुसार, थाई जीवन को रामकथा से ज़्यादा हिंदू मूल की किसी और चीज़ ने प्रभावित नहीं किया है।[17] उनके बौद्ध मंदिरों की दीवारों पर की गयी नक़्क़ाशी और चित्रकारी, शहरों और गांवों में खेले जाने वाले नाटक, उनकी नृत्यनाटिकाएं–ये सभी रामकथा की सामग्री का इस्तेमाल करती हैं। 'राजा राम' नाम के एक-के-बाद-एक कई राजाओं ने थाई में रामायण के प्रसंग लिखे : राजा राम प्रथम ने पचास हज़ार छंदों में रामायण का एक वाचन लिखा, राम द्वितीय ने नृत्य के लिए नये प्रसंग लिखे, और राम षष्ठ ने अनेक दूसरे प्रसंग जोड़े जिनमें से ज़्यादातर वाल्मीकि से लिये गये थे। थाईलैंड की

लोपबुरी (संस्कृत में लावापुरी), खिडकिन (किष्किंधा), और अयुथिया (अयोध्या) जैसी जगहें, अपनी ख्मेर और थाई कला के भग्नावशेषों के साथ, राम के आख्यान से संबद्ध हैं।

थाई *रामकीर्ति* या *रामकियेन* (रामकहानी) की कथा तीन तरह के चरित्रों की उत्पत्ति के वर्णन के साथ शुरू होती है—मानवीय, दानवी और वानरी। दूसरा खंड दानवों के साथ भाइयों की पहली मुठभेड़, राम के विवाह और निर्वासन, सीता के अपहरण और राम की वानर कुल से मुलाक़ात का वर्णन करता है। इसमें युद्ध की तैयारियों, हनुमान के लंका-गमन और दहन, सेतु निर्माण, लंका की घेराबंदी, रावण के पतन और सीता एवं राम के पुनर्मिलन का भी वर्णन है। तीसरे खंड में लंका में एक विद्रोह का वर्णन है, जिस विद्रोह को दबाने के लिए राम अपने दो सबसे छोटे भाइयों को नियुक्त करते हैं। इस खंड में सीता के निर्वासन, उनके पुत्रों के जन्म, राम के साथ उनके युद्ध, सीता के धरती में प्रवेश और राम-सीता को मिलाने के लिए देवताओं के प्रकट होने का वर्णन है। हालांकि कई प्रसंग बिल्कुल वाल्मीकि की *रामायण* जैसे ही दिखते हैं, पर साथ ही कई चीज़ें अलहदा भी हैं। मिसाल के लिए, दक्षिण भारतीय लोक रामायणों की तरह (और कुछ जैन, बांग्ला और कश्मीरी रामायणों की तरह भी) सीता के निर्वासन को एक नया नाटकीय तर्काधार दिया गया है। शूर्पणखा (वह दानवी जिसका वर्षों पहले जंगल में राम और लक्ष्मण ने अंगभंग किया था) की बेटी सीता को अपनी माता के विकृत किये जाने के लिए ज़िम्मेदार मानती है और उससे बदला लेने के लिए तैयार बैठी है। वह अयोध्या आती है, एक दासी के रूप में सीता की सेवा में नियुक्त होती है, और रावण की एक तस्वीर बनाने के लिए उसे प्रेरित करती है। यह तस्वीर बनने पर अमिट हो जाती है (कुछ वाचनों में, यह सीता के शयनकक्ष में प्राणवंत हो उठती है) और राम का ध्यान अपनी ओर खींच लेती है। ईर्ष्या के आवेग में राम सीता को मार डालने का आदेश जारी करते हैं। लेकिन सदय

लक्ष्मण उन्हें वन में जीवित ही छोड़ आते हैं और उन्हें मार डालने के सबूत के तौर पर एक हिरण का हृदय लेकर लौटते हैं।

राम और सीता का पुनर्मिलन भी भिन्न है। जब राम यह पाते हैं कि वह अभी भी जीवित हैं तो वे सीता को यह सूचना पहुंचा कर महल में वापस बुलवाते हैं कि उनका देहांत हो गया है। सीता उन्हें देखने के लिए भागी-भागी आती हैं, पर यह जान कर कि उनके साथ चालबाज़ी की गयी है, वे गुस्से से तिलमिला जाती हैं। निरुपाय क्रोध की झोंक में वे धरती माता का आह्वान करती हैं कि वह उन्हें अपने अंदर समा ले। हनुमान उन्हें भूमिगत प्रदेशों से वापस लाने के लिए जाते हैं, पर वे लौटने से इनकार कर देती हैं। फिर शिव की शक्ति से उनका पुनर्मिलन संभव हो पाता है।

पुनः, जैसा कि जैन दृष्टांतों और दक्षिण भारतीय लोक काव्यों में मिलता है, सीता के जन्म का वृत्तांत भी वाल्मीकि में दिये गये वृत्तांत से भिन्न है। जब दशरथ यज्ञ संपन्न करते हैं तो उन्हें एक कटोरा चावल मिलता है, खीर नहीं, जैसा कि वाल्मीकि के यहां ज़िक्र है। एक कौआ उसमें से कुछ दाने चुरा ले जाता है और रावण की पत्नी को देता है जो इसे खाकर सीता को जन्म देती है। रावण ने यह भविष्यवाणी सुन रखी है कि उनकी पुत्री ही उनकी मृत्यु का कारण बनेगी, इसलिए वह सीता को समुद्र में फिंकवा देते हैं। समुद्र की देवी उनकी रक्षा करती है और उन्हें जनक के पास ले जाती है।

यही नहीं, यद्यपि राम विष्णु के अवतार हैं, पर थाईलैंड में वे शिव के मातहत हैं। कमोबेश वे एक मानवीय नायक के रूप में देखे गये हैं, और *रामकीर्ति* को एक धार्मिक ग्रंथ नहीं माना जाता या ऐसा अनुकरणीय ग्रंथ भी नहीं माना जाता जिसके अनुरूप स्त्री-पुरुष अपने-आपको ढालें। थाई लोग सबसे अधिक सीताहरण और युद्ध के हिस्सों को पसंद करते हैं। अलगाव और पुनर्मिलन, जो कि हिंदू रामायणों का मर्मस्थल हैं, वहां उतने महत्वपूर्ण नहीं हैं जितने कि युद्ध, तकनीक, चमत्कारी अस्त्रों आदि के विवरण और उनका

रोमांच। युद्धकांड किसी भी और वाचन के मुक़ाबले यहां अधिक विस्तृत है, जबकि कन्नड़ लोक वाचनों में यह बहुत कम अहमियत रखता है। देसाई कहते हैं कि युद्ध पर थाई लोगों का यह ज़ोर महत्वपूर्ण है : आरंभिक थाई इतिहास युद्धों से भरा पड़ा है; अस्तित्व-रक्षा उनकी [मुख्य] चिंता थी। *रामकियेन* के केंद्र में पारिवारिक मूल्य और अध्यात्म नहीं हैं। थाई श्रोता राम की अपेक्षा हनुमान को अधिक पसंद करते हैं। हिंदू रामायणों की तरह यहां हनुमान न तो ब्रह्मचारी हैं न ही भक्त, वे ख़ासे शौक़ीनमिज़ाज व्यक्ति हैं, जो लंका के शयनकक्षों में झांकने में कोई संकोच नहीं करते और किसी और की सोती हुई पत्नी को देखना अनैतिक नहीं मानते, जैसा कि वाल्मीकि या कम्बन के हनुमान मानते हैं।

रावण भी यहां अलग हैं। *रामकीर्ति* में रावण की विदग्धता और विद्वत्ता की प्रशंसा की गयी है; उनके द्वारा सीता का हरण प्रेमवश किया गया कृत्य है और उसे सहानुभूति के साथ देखा गया है। रावण द्वारा एक स्त्री के लिए अपने परिवार, राज, और ख़ुद अपने जीवन का बलिदान थाई लोगों को मार्मिक लगता है। मृत्यु के समय कहे गये उनके वचन आगे चल कर उन्नीसवीं सदी की एक प्रसिद्ध प्रेम कविता की थीम बनते हैं।[18] वाल्मीकि के चरित्रों से अलग थाई चरित्र अच्छे और बुरे का मानवीय मिश्रण हैं। यहां रावण का पराभव आपको उदास कर जाता है। यह निर्भ्रांत उल्लास का अवसर नहीं, जैसा कि वाल्मीकि में है।

अंतरों के पैटर्न

इस तरह, हमारे पास वाल्मीकि द्वारा संस्कृत में कही गयी एक कथा ही नहीं है, दूसरों द्वारा कही गयी अनेक रामकथाएं हैं जिनके बीच ख़ासे बड़े अंतर मौजूद हैं। अब मैं कुछ ऐसे अंतरों की रूपरेखा प्रस्तुत करूंगा जिनसे हम अभी तक रू-ब-रू नहीं हुए हैं। मिसाल के लिए, संस्कृत में और दूसरी भारतीय भाषाओं में कथा के दो तरह के

समापन हैं। एक समापन वह है जहां राम और सीता अपनी राजधानी अयोध्या लौट आते हैं, और इस आदर्श राज्य के राजा और रानी के रूप में उनका राज्याभिषेक होता है। दूसरा समापन, जिसे अक्सर वाल्मीकि और कम्बन में परवर्ती प्रक्षेप माना जाता है, वह है जहां रावण के उपवन में रहने वाली स्त्री के रूप में सीता के बारे में राम मिथ्यापवाद सुनते हैं, और राजा के रूप में अपनी प्रतिष्ठा (शायद हमें इसे साख कहना चाहिए) के नाम पर वे सीता को वन में निर्वासित कर देते हैं, जहां वे जुड़वां बच्चों को जन्म देती हैं। वे वाल्मीकि के आश्रम में पलते-बढ़ते हैं, *रामायण* के साथ-साथ उनसे युद्धकला भी सीखते हैं, राम की सेना से एक युद्ध जीतते हैं, और एक मार्मिक दृश्य में अपने पिता को, जो यह जानते भी नहीं कि ये कौन हैं, *रामायण* गाकर सुनाते हैं। ये दोनों अलग-अलग समापन पूरी कृति को एक भिन्न रंगत दे देते हैं। पहला समापन राजसी निर्वासितों की वापसी का जश्न मनाता है और पुनर्मिलन, राज्याभिषेक तथा शांति-स्थापना के साथ कथा को समेट लेता है। दूसरे में, उनका सुख क्षणभंगुर है, और वे दुबारा जुदा हो जाते हैं, जिससे प्रिय का वियोग या विप्रलंभ पूरी कृति का केंद्रीय मनोभाव [अंगी रस] बन जाता है। यहां तक कि इसे दुखांत भी कहा जा सकता है, क्योंकि सीता इसे और सहन नहीं कर पातीं और धरती के एक विवर में समा जाती हैं, वही धरती जो उनकी माता है, जिसमें से वह निकली थीं–जैसा कि हमने पहले देखा है, उनके नाम का अर्थ है 'हलरेखा', वही जगह जहां जनक ने उन्हें सबसे पहले पाया था। हलरेखा से सीता की उत्पत्ति और धरती में उनकी वापसी एक वनस्पति-चक्र को भी दिखलाती है : सीता बीज के समान हैं और अपने मेघ-श्यामल शरीर के साथ राम वर्षा के समान हैं; दक्षिण में स्थित रावण अंधकारपूर्ण प्रदेशों में ले जाने वाला अपहर्ता है (दक्षिण दिशा में मृत्यु का वास है); धरती में वापस लौटने से पहले सीता थोड़े समय के लिए शुचिता और गरिमा के साथ प्रकट होती हैं। ऐसे मिथक को किसी कठोर रूपक/प्रतीक

कथा में सीधे-सीधे ढालने की कोशिश तो नहीं करनी चाहिए, पर वह कई ब्यौरों के साथ कथा की छायाओं में अनुगुंजित होता है। उर्वरता और वर्षा के बहुतेरे हवाले, शिव जैसे योगी व्यक्ति [यानी ऋषि गौतम] का राम द्वारा प्रतिवाद (जिसे कम्बन ने अहिल्या की कथा में बहुत स्पष्ट कर दिया है), उनके पुरखे द्वारा अपने साम्राज्य की धरती पर गंगा नदी को उतार लाना ताकि मृतक के भस्मों का तर्पण और पुनरुज्जीवन किया जा सके–इन सब पर ग़ौर करें। ऋष्यश्रृंग की कथा भी प्रासंगिक है। वह काम के मामले में एक भोलाभाला योगी है जो एक स्त्री के द्वारा कामातुर बनाये जाने पर लोमपद राज्य पर वर्षा कर देता है, और जो बाद में चल कर दशरथ की रानियों के गर्भ को भरने के अनुष्ठान को संपन्न कराता है। इस तरह का मिथकीय अर्थ-विस्तार हमें प्रकृति के अनवरत हवालों, राम द्वारा सीता की खोज के दौरान उनके समर्पित मित्रों की तरह पक्षियों और जानवरों की प्रभावशाली उपस्थिति में भी दूसरे सुर सुनने पर बाध्य करता है। वाल्मीकि *रामायण* में पक्षी और वानर एक वास्तविक उपस्थिति और एक काव्यात्मक आवश्यकता हैं, उसी हद तक जिस हद तक जैन मत में वे अपवृद्धि हैं। हर समापन के साथ कथा के भिन्न प्रभावों को उभारा जाता है और पूरा वाचन कथा की काव्यात्मक भंगिमा को बदल देता है।

अलग-अलग तरह की शुरुआतों के बारे में भी ऐसी ही बातें कही जा सकती हैं। वाल्मीकि स्वयं वाल्मीकि के बारे में एक कहानी कहने से शुरुआत करते हैं। वे एक शिकारी को देखते हैं जो निशाना साध कर पक्षियों के एक आनंदित प्रेमीयुगल में से एक को मार गिराता है। मादा अपने मृत साथी के चारों ओर चक्कर लगाने लगती है और चीत्कार करती है। यह दृश्य कवि और महर्षि वाल्मीकि को इतना द्रवित कर जाता है कि वे शिकारी को शाप देते हैं। क्षण भर बाद वे महसूस करते हैं कि उनके शाप ने श्लोक की एक पंक्ति का रूप ले लिया है–शब्दों का यह खेल सुप्रसिद्ध है कि उनके *शोक* की

लय ने *श्लोक* को जन्म दिया है। वे उसी छंद में राम के कृत्यों पर पूरा महाकाव्य लिखने का फ़ैसला करते हैं। यह घटना परवर्ती काव्यशास्त्र में सभी काव्यात्मक उक्तियों के लिए एक दृष्टांत बन जाती है : स्वाभाविक भावों के दबाव में कोई कलात्मक रूप पाया या गढ़ा जाता है, एक ऐसा रूप जो उस भाव के सारतत्व (रस) को पकड़ता और साधारणीकृत करता है। वाल्मीकि की कृति के आरंभ में ही आने वाली यह घटना उस कृति को एक सौंदर्यात्मक आत्मसजगता प्रदान करती है। इस दिशा में और भी सोचा जा सकता है : एक पक्षी की मृत्यु और प्रेमी के वियोग की घटना रामकथा के इस वाचन की विशिष्ट स्वरलहरी बन जाती है। कई महत्वपूर्ण अवसरों पर एक प्राणी के मारे जाने की घटना जिस ख़ास लयात्मक तरीक़े से दोहरायी गयी है, उस पर ग़ौर करें : जब दशरथ हाथी की सोच कर (हाथी समझ कर) तीर चलाते हैं और उससे घड़े में पानी भरता एक युवा तपस्वी मारा जाता है (पानी भरने की आवाज़ वैसी ही थी जैसी किसी कुंड से हाथी के पानी पीने की आवाज़), तो उन्हें शाप मिलता है जिसके चलते आगे चल कर राम का निर्वासन और पिता पुत्र का बिछोह होता है। जब राम एक चमत्कारी स्वर्णमृग का पीछा करते हैं (जो छद्मवेश में एक राक्षस है) और उसे मार देते हैं, तो वह अपनी आख़िरी सांसों के बीच राम की आवाज़ में लक्ष्मण को पुकारता है, जिसकी वजह से वह सीता की सुरक्षा का काम छोड़ कर वहां से चले जाते हैं; इसी के चलते रावण को सीताहरण का मौक़ा मिलता है। रावण जब उन्हें लेकर भाग रहे हैं, तब भी जटायु उन्हें रोकने की कोशिश करता है जिसे वे अपने खड्ग से मार गिराते हैं। इन सबके अलावा, शुरुआती हिस्से में एक पक्षी की मृत्यु और उसके जीवित साथी की चीत्कार पूरी कृति में आने वाली अनेक जुदाइयों–भाई और भाई के, माताओं और पिताओं और पुत्रों के, पत्नियों और पतियों के वियोगों–का स्वर नियत कर देती है।

इस तरह प्रत्येक महत्वपूर्ण कृति का शुरुआती हिस्सा आगे के प्रतिपाद्यों का और छवियों के एक पैटर्न का पूर्वाभास देते हुए पूरे काव्य की सुसंगत स्वरयोजना को क्रियान्वित कर देता है। कम्बन का तमिल काव्य बहुत अलग तरह से शुरू होता है। इसके कुछ अनुच्छेदों को देखने से बात स्पष्ट होगी :

नदी

भभूत में लिपटे शिव के रंग वाला (सफ़ेद) मेघ आकाश को अलंकृत करता हुआ जाकर समुद्र को पीता है और लौटते हुए उसका रंग अगरु का लेप धारण करने वाले स्तनों की श्रीदेवी को अपने वक्ष में धारण करने वाले (विष्णु) के रंग का सा हो जाता है। (2)

उदार दाता की तरह मेघ मोटी-मोटी धारें गिराते हैं। वे धारें मानो चांदी की तंत्रियां हैं जिनको स्वर्ण के समान दिखते श्रेष्ठ पर्वत (हिमालय) पर लटका कर मेघ उसे बांधने का प्रयास करते हैं। (15)

(सरयू का प्रवाह प्रदेश में) प्रतिष्ठित, धर्मावलंबी और मनुनीति पर चलने वाले शीतल-छत्र-धारी राजा के यश के समान फैलता है और चतुर्वेदी ब्राह्मण को दान देने पर दाता को मिलने वाले शुभ फल के समान बढ़ता है। (16)

वह बाढ़ वेश्या का-सा बरताव करती है। वेश्या पुरुष के सिर का, शरीर का आलिंगन करती है, पैरों तले भी लगती है। एक क्षण के लिए उसका प्रेम स्थिर जैसा दिखता है, पर वह चंचल है और धोखा देकर उसका सारा धन लूट लेती है। उस पुरुष जैसा ही हाल पर्वत का है। (वेश्या-सदृश) धारा पर्वत की सारी वस्तुएं बहा ले जाती है। (17)

रत्न, स्वर्ण, मयूर-पंख, हाथी दांत, अगरु और चंदन की लकड़ियां–ऐसी और चीज़ों को बहा ले जाने वाला प्रवाह कारवां लेकर चलने वाले व्यापारी के समान है। (18)

उस प्रवाह में फूल तैरते हैं; पराग, शहद, चोखे स्वर्ण, गजों का मद-जल आदि मिले आते हैं। उनके विविध रंगों के कारण वह प्रवाह इंद्रधनुष के समान दिखायी देता है। (19)

वह प्रवाह चट्टानों को और वृक्षों को उखाड़ लाता है; उस पर पत्ते वगैरह बहते आते हैं। उसको देख कर समुद्र पर सेतु बनाने में लगी वानर-सेना याद आती है। (20)

उस प्रवाह की सज-धज देख कर ऐसा लगता है कि समुद्र से लड़ने जा रही सेना हो। विशाल मुख वाले मत्त हाथियों और अश्व-दलों के साथ वातावरण में युद्ध का शोर भरते हुए, लताओं के रूप में ध्वजाएं लहराते हुए यह प्रवाह आगे बढ़ता है। (22)

सरयू का जल-तल विशाल है; उसकी धारा अविच्छिन्न है और पवित्र है। इन बातों में सरयू नदी रवि-कुल के राजाओं के सदाचरण की समता करती है। और वह जन-समाज के लिए मातृ-सृजन के समान जीवनदायिनी और जीव-वर्द्धक है। (23)

दही, दूध, मक्खन आदि छींकों के साथ हर लेना, तरुओं को उखाड़ना, गोपियों के कंकणों और वस्त्रों का हरण–ये सब काम, कालीय नाग के सिर पर नृत्य करने वाले श्रीकृष्ण के समान, सरयू नदी भी करती है। (26)

वन को पर्वत-प्रदेश, खेतों को वन-प्रदेश, सागर-तट को उर्वर भूमि बनाती, सीमाओं को बदलती और भूदृश्यों को स्थानांतरित

> करती नदी की गति कर्म-गति के समान है जिसके कारण जीव विविध योनियों में अटूट क्रम से जन्म लेते हैं और वहां भी कर्म के अनुसार ही पाप या पुण्य करते हैं। (28)
>
> हिमालय की चट्टानों में जन्म लेकर समुद्र में जा मिलने वाली यह नदी अनेक धाराओं में बंट जाती है, उस ईश्वर-तत्व के समान जो आदि में एक ही है, किंतु अनंतर विविध धर्मों के देवताओं के रूप में अनेक हो गया। (30)
>
> जिस प्रकार जीव अनेक प्रकार के शरीरों में व्याप्त होता और फिर उसे रिक्त कर जाता है, उसी प्रकार सरयू नदी का जल पराग चूते उपवनों और चंपावनों से होकर, कलियां खिलाते जलाशयों में नया बालू भरता हुआ, माधवी लता से घिरे सुपारी के वनों से होकर गुजरता है। (31)[19]

यह हिस्सा कम्बन में ही है; वाल्मीकि के यहां यह नहीं मिलता। यहां बताया गया है कि पानी किस तरह समुद्र से बादलों के द्वारा संकलित किया जाता है और बारिश के रूप में नीचे आता है और सरयू नदी की बाढ़ के रूप में रामराज्य की राजधानी, अयोध्या की ओर प्रवाहित होता है। इसके माध्यम से कम्बन अपने सारे प्रतिपाद्यों और बलाघातों की, यहां तक कि अपने चरित्रों, उर्वरता की थीम के प्रति अपने सरोकार (जो कि वाल्मीकि में प्रच्छन्न है), राम के पुरखों के पूरे वंश, और रामायण के माध्यम से प्रकट होने वाले भक्ति के अपने दर्शन, की प्रस्तावना कर देते हैं।

उपमाओं और संकेतों के ज़रिये विषयवस्तुओं की जिस विविधता को सामने लाया गया है, उस पर ग़ौर करें। यहां पानी से जुड़ी हर बात स्वयं रामायण की कथा के किसी पहलू का प्रतीक है और रामायण की सृष्टि के किसी अंश का प्रतिनिधित्व करती है (मिसाल के लिए, वानर)। आगे बढ़ते हुए यह [जल-प्रवाह/जल-प्रवाह

का वर्णन] उन ख़ास-ख़ास तमिल परंपराओं को उभारता चलता है जो कहीं और नहीं पायी जाती हैं, जैसे क्लासिकी तमिल काव्य के पांच भूदृश्य। खुद पानी, जो कि जीवन और उर्वरता का स्रोत है, पर ज़ोर तमिल साहित्यिक परंपरा का एक सुनिश्चित अंग है।

रामायणों के बीच अंतर का एक दूसरा बिंदु है, किसी महत्वपूर्ण चरित्र से संबंधित एकाग्रता का अंतर। वाल्मीकि अपने आरंभिक हिस्सों में राम और उनके इतिहास पर केंद्रित हैं; विमल सूरि की जैन रामायण और थाई भाषा का महाकाव्य राम पर नहीं बल्कि रावण की वंशावलि और उनके कारनामों पर एकाग्र होते हैं; कन्नड़ के ग्रामीण वाचन सीता पर, उनके जन्म, उनके विवाह, उनकी परीक्षाओं पर एकाग्र होते हैं। *अद्भुत रामायण* और तमिल *शतकंठवन* जैसी कुछ बाद की कृतियां सीता को एक नायकोचित चरित्र तक बना देती हैं : जब दस सिर वाला रावण मार दिया जाता है तो एक दूसरा सौ सिर वाला रावण प्रकट होता है; राम इस नयी मुसीबत का सामना नहीं कर सकते, इसलिए सीता ही युद्ध करने जाती हैं और इस नये दानव का वध करती हैं।[20] अपनी सुविस्तृत मौखिक परंपरा के लिए सुविदित संथाल लोग तो सीता को व्यभिचारिणी के रूप में प्रस्तुत करते हैं—वाल्मीकि और कम्बन को पढ़ने वाले किसी भी हिंदू के लिए यह सदमे और ख़ौफ़ का विषय होगा कि यहां सीता का शीलभंग रावण और लक्ष्मण दोनों के द्वारा किया जाता है। दक्षिण-पूर्व एशिया के पाठों में, जैसा कि हमने पहले देखा है, हनुमान वानर मुख वाले एक ब्रह्मचारी भक्त नहीं बल्कि शौक़ीनमिज़ाज व्यक्ति हैं जो अनेक प्रेमप्रसंगों में दिखते हैं। कम्बन और तुलसी के यहां राम ईश्वर हैं; जैन पाठों में वे मात्र एक उन्नत जैन पुरुष हैं जो अपने आख़िरी जन्म में हैं और इसीलिए रावण का वध भी नहीं करते। यहां रावण एक कुलीन नायक हैं जिन्हें अपने कर्म के चलते सीता के प्यार में पड़ना और अपनी मौत बुलाना बदा है, जबकि दूसरे पाठों में वे एक उद्धत राक्षस हैं। इस तरह हर

महत्वपूर्ण चरित्र की संकल्पना में आमूल अंतर हैं, ऐसे अंतर कि कोई एक संकल्पना उन लोगों के लिए जुगुप्साजनक हो सकती है जो किसी दूसरी संकल्पना को धारण करते हैं। हम इसमें और भी बहुत कुछ जोड़ सकते हैं : सीता के निर्वासन के कारणों की व्याख्या, सीता के दूसरे पुत्र की चमत्कारिक सृष्टि, और राम और सीता का अंतिम पुनर्मिलन। इनमें से प्रत्येक एकाधिक प्रदेशों में, एकाधिक पाठीय समुदायों (हिंदू, जैन या बौद्ध) में, एकाधिक पाठों में आता है।

तो क्या राम, उनके भाई, उनकी पत्नी और उनके शत्रु (रावण) इत्यादि के संबंधों की मात्र तालिका के अलावा भी राम की कथाओं में कोई सामान्य (कॉमन/साझा) बीजभाग है? क्या ये कथाएं कुछ कौटुम्बिक समानताओं के द्वारा ही आपस में जुड़ी हैं, जैसा कि शायद विटगेंस्टाइन कहते? या कि यह अरस्तू की आरी की तरह है? अरस्तू ने जब एक बूढ़े बढ़ई से पूछा कि उसकी आरी कितनी पुरानी है, तो बढ़ई ने कहा, 'अरे, यह तीस सालों से मेरे पास है। कुछ दफ़ा मैंने इसका ब्लेड बदला है और कुछ दफ़ा इसकी मूठ बदली है। लेकिन आरी वही है।' संबंधों की संरचना की एक तरह की प्रतिच्छाया इन सभी वाचनों को रामायण का नाम मुहैया करा देती है, लेकिन निकट से देखने पर ज़रूरी नहीं कि कोई एक कथा दूसरी कथा जैसी दिखे। समान व्यक्तिवाचक नामों वाले लोगों के एक समुच्चय की तरह वे अपने नाम में ही एक वर्ग बन जाते हैं।

अनुवाद पर विचार

हो सकता है, यह बात को रखने का एक अतिवादी तरीक़ा हो। लिहाज़ा, थोड़ा पीछे हट कर मैं इसे अलग तरीक़े से कहूं, एक ऐसे तरीक़े से जो पाठों के बीच के अंतरों और उनके आपसी संबंधों को अधिक समुचित रूप में समेटता हो; [जी हां, संबंधों को भी,] क्योंकि वे संबंधित तो हैं ही। उन्हें अनुवादों की एक ऐसी शृंखला के रूप में सोचा जा सकता है जो पाठों के एक कुटुंब में एक या दूसरे के

इर्द-गिर्द झुंड बनाते हैं : उनमें से कई-एक वाल्मीकि के आसपास इकट्ठा होते हैं, कई अन्य जैन विमल सूरि के इर्द-गिर्द इकट्ठा होते हैं, और इसी तरह और उदाहरण दिखते हैं।

या पाठों के बीच के इन अनुवाद-संबंधों पर पीयर्स की शब्दावली में, कम-से-कम तीन तरह से विचार किया जा सकता है।

जहां पाठ 1 और पाठ 2 के बीच एक ज्यामितीय समानता है, जैसे दो त्रिभुजों के बीच होती है (कोण, और रेखाओं के रंग जो भी हों), उस संबंध को हम 'आइकॉनिक' कहते हैं।[21] पश्चिम में, हम सामान्यतः अनुवादों के प्रति निष्ठावान, यानी आइकॉनिक होने की अपेक्षा रखते हैं। लिहाज़ा, जब चैपमैन होमर का अनुवाद करते हैं तो वे न सिर्फ़ चरित्र, बिंबविधान और घटनाओं के क्रम जैसी बुनियादी पाठीय विशेषताओं को सुरक्षित रखते हैं, बल्कि षट्पदी को पुनरुत्पादित करने और मूल ग्रीक पाठ में जितनी संख्या में पंक्तियां हैं, उतनी ही पंक्तियां रखने की भी कोशिश करते हैं–सिर्फ़ भाषा अंग्रेज़ी और मुहावरे एलिज़ाबेथीय हैं। जब कम्बन वाल्मीकि की *रामायण* का तमिल में पुनर्वाचन करते हैं तो वे प्रसंगों की व्यवस्था और क्रम तथा पिता, पुत्र, भाइयों, पत्नियों, मित्रों और शत्रुओं के बीच के संरचनात्मक संबंधों का निर्वाह करने में कमोबेश निष्ठावान हैं। लेकिन 'आइकॉनिकता' इस तरह के संरचनात्मक संबंधों तक ही सीमित है। मसलन, उनकी कृति वाल्मीकि की कृति से कहीं ज़्यादा बृहदाकार है, और तमिल छंदों के बीस से भी ज़्यादा प्रकारों में लिखी गयी है, जबकि वाल्मीकि की *रामायण* अधिकांशतः श्लोकों में है।

अक्सर यह होता है कि यद्यपि पाठ 2 प्लॉट जैसे बुनियादी तत्वों के मामले में पाठ 1 के साथ आइकॉनिक संबंध बनाता है, पर उसमें स्थानीय ब्यौरे, लोकगीत, काव्यात्मक परंपराएं, बिंबविधान और ऐसी अन्य चीज़ें भरपूर होती हैं–कम्बन के वाचन या बांग्ला *कृत्तिवास* के वाचन में ऐसा ही है। बांग्ला रामायण में राम का विवाह बिल्कुल एक बंगाली विवाह है जिसमें बंगाली रीति-रिवाज

और खान-पान शामिल हैं।[22] इस तरह के पाठ को हम 'इंडेक्सिकल' कह सकते हैं : पाठ एक स्थान विशेष में, एक संदर्भ में धंसा हुआ है, उसका हवाला देता है, यहां तक कि उसे व्यक्त करता है, और उसके बग़ैर बहुत अर्थवान नहीं हो पाता। कहा जा सकता है कि यहां रामायण सिर्फ़ अलग-अलग पाठों का एक सेट नहीं है, बल्कि विविध क़िस्म के दृष्टांतों वाली एक विधा है।

कई बार, जैसा कि हमने देखा है, पाठ 2 पाठ 1 के प्लॉट और चरित्रों और नामों का न्यूनतम उपयोग करता है और उन्हें बिल्कुल नयी चीज़ कहने के लिए इस्तेमाल करता है, जिसमें प्रायः एक प्रतिपाठ रचते हुए अपने पूर्ववर्ती के पाठ को सब्वर्ट करने/उलट देने का प्रयास होता है। हम ऐसे अनुवाद को 'सिंबॉलिक' कह सकते हैं। खुद *अनुवाद* शब्द यहां किसी हद तक एक गणितीय आशय ग्रहण कर लेता है, दूसरे तल या दूसरी प्रतीक-व्यवस्था पर संबंधों की एक संरचना के मानचित्रण [अंकन] का आशय। जहां ऐसा हुआ है, वहां रामकथा पूरे सांस्कृतिक क्षेत्र की एक लगभग द्वितीय भाषा बन गयी है—एक कथा-भाषा के साथ नामों, चरित्रों, घटनाओं और अभिप्रायों का एक साझा बीजभाग जिसमें पाठ 1 एक चीज़ कहता है और पाठ 2 दूसरी, यहां तक कि ठीक उलट, चीज़ कहता है। भारत में वाल्मीकि का हिंदू पाठ और विमल सूरि का जैन पाठ, या दक्षिण-पूर्व एशिया में थाई भाषा की *रामकीर्ति*, एक-दूसरे के ऐसे ही सिंबॉलिक अनुवाद हैं।

यह नहीं भूलना चाहिए कि कुछ हद तक सभी अनुवादों में, यहां तक कि तथाकथित निष्ठावान आइकॉनिक अनुवादों में भी, तीनों तरह के तत्व अनिवार्यतः रहते हैं। जब गोल्डमान और उनके समूह के विद्वान वाल्मीकि की रामायण का एक आधुनिक अनुवाद प्रस्तुत करते हैं तो वे संस्कृत नामों के लिप्यंतरण, श्लोकों की संख्या और क्रम, प्रसंगों की क्रम-व्यवस्था और इसी तरह की और चीज़ों के मामले में आइकॉनिक हैं।[23] लेकिन इस मायने में वे इंडेक्सिकल भी

हैं कि वह अनुवाद अंग्रेज़ी मुहावरे में है और भूमिकाओं तथा व्याख्यात्मक टिप्पणियों से लैस होकर आता है, जो कि अवश्यंभावी रूप से बीसवीं सदी के रवैयों और व्यतिक्रमों को धारण करते हैं; और इस मायने में सिंबॉलिक भी हैं कि वे (अनुवादक) अपने अनुवाद के द्वारा पाठ की अपनी पढ़त के अनुकूल ठहरने वाली आधुनिक समझों को संप्रेषित करने से बाज़ नहीं आ सकते। लेकिन इन तीन तरह के संबंधों के बीच का अनुपात कम्बन और गोल्डमान में काफ़ी अलग-अलग है। और इसीलिए हम उन्हें भिन्न कारणों से तथा भिन्न सौंदर्यात्मक अपेक्षाओं के साथ पढ़ते हैं। हम विद्वज्जनोचित आधुनिक अंग्रेज़ी अनुवाद को कमोबेश मूल वाल्मीकि का एक अहसास पाने के लिए पढ़ते हैं, और वह जिस हद तक मूल से समानता रखता है, उस हद तक हम उसे सफल मानते हैं। कम्बन को हम कम्बन के लिए पढ़ते हैं, और उन्हीं की शर्तों पर उनके बारे में फ़ैसला करते हैं—वाल्मीकि के साथ उनकी समानता के आधार पर नहीं बल्कि, अगर कोई आधार हो सकता है तो, इस आधार पर कि वे वाल्मीकि से किस हद तक अलग जा पाते हैं। एक जगह हम समानता से आनंदित होते हैं, दूसरी जगह हम भिन्नता में स्वाद और रस लेते हैं।

थोड़ा और आगे बढ़ते हुए कहा जा सकता है कि जिन सांस्कृतिक इलाक़ों में रामायणें जातीय स्तर पर मौजूद हैं, वहां प्लॉटों, चरित्रों, नामों, भूगोल, घटनाओं और संबंधों को शामिल करते हुए संकेतकों की एक सामूहिक निधि है। मौखिक, लिखित और प्रदर्शन संबंधी परंपराएं, मुहावरे, कहावतें और यहां तक कि व्यंग्योक्तियां भी रामकथा को इंगित करने वाले संकेतों का वहन करती हैं। जब कोई लगातार बोलता जाता है, तो आप कहते हैं, 'अब ये क्या रामायण लगा रखी है? बहुत हुआ।' तमिल में किसी संकरे कमरे को किष्किंधा कहते हैं; किसी मंदबुद्धि व्यक्ति के बारे में कहावत चलती है, 'पूरी रात रामायण सुनने के बाद ये पूछता है सीता किसकी बीवी

थी'; बांग्ला की एक गणित पाठ्यपुस्तक में बच्चों से कहा गया है कि जब नटखट हनुमान अपनी बनायी हुई दीवार का एक हिस्सा तोड़ देते हैं तब बची हुई दीवार की लंबाई-चौड़ाई क्या है, बतायें। इन सबके साथ विवाह गीतों, आख्यानमूलक काव्यों, स्थान संबंधी दंतकथाओं, मंदिरों से संबंधित मिथकों, चित्रकारी, शिल्प तथा बहुतेरी प्रदर्शनकारी कलाओं को भी शामिल किया ही जाना चाहिए।

ये विभिन्न पाठ न सिर्फ़ पूर्ववर्ती पाठों से, कुछ लेते या कुछ ख़ारिज करते, सीधे-सीधे संबद्ध हैं, बल्कि ये एक-दूसरे से भी इस साझा कोड या साझा सामूहिक निधि के ज़रिये संबद्ध हैं। हर सर्जक सामूहिक निधि के इस सरोवर में डुबकी मारता है और एक अलग तरह का सम्मिश्रण निकाल लाता है, अनोखे टेक्स्चर और ताज़ातरीन संदर्भ के साथ एक नया पाठ। महान पाठ मामूली पाठों का दुबारा इस्तेमाल करते हैं, क्योंकि, जैसा कि वैलेरी ने कहा है, 'शेर भेड़ों से बनते हैं'। और भेड़ें भी शेरों से बनती हैं : एक लोक दंतकथा में बताया गया है कि हनुमान ने महान युद्ध के बाद एक पहाड़ की चोटी पर मूल रामायण लिखी और पांडुलिपि को बिखेर दिया; वह उस रामायण से बहुत बड़ी थी जो आज हमें उपलब्ध है। कहते हैं कि वाल्मीकि उसका बस एक टुकड़ा ही पा सके। इस अर्थ में, कोई भी पाठ मूल नहीं है, तथापि कोई भी वाचन महज़ पुनर्वाचन नहीं है—और कथा कहीं भी समाप्त नहीं होती, भले ही पाठों के अंदर उसे समाप्त किया जाता हो। भारत और दक्षिण-पूर्व एशिया में कोई भी कभी पहली बार रामायण या महाभारत नहीं पढ़ता। ये कथाएं वहां 'ऑलवेज़ ऑलरेडी' [हर समय पहले से मौजूद] हैं।

क्या होता है जब आप कथा सुनते हैं

यह निबंध अनेक रामायणों से संबंधित एक लोककथा के साथ शुरू हुआ था। समाप्त करने से पहले हनुमान और राम की अंगूठी के बारे में एक और कथा सुनाना उपयुक्त होगा।[24] लेकिन यह कथा रामायण

की शक्ति के बारे में है, इस बारे में कि जब आप ध्यानपूर्वक इस अर्थगर्भित कथा को सुनते हैं तो क्या होता है। एक मूर्ख भी इसके प्रभाव से बच नहीं सकता; वह आत्मविस्मृत हो जाता है और कथा के घटनाक्रम की गिरफ़्त में आ जाता है। श्रोता तमाशबीन नहीं रह पाता, वह महाकाव्य के संसार में घुसने के लिए विवश हो जाता है : क़िस्से और असलियत के बीच की रेखा मिट जाती है।

एक गंवार आदमी था जिसे संस्कृति की कोई समझ नहीं थी और न ही संस्कृति में दिलचस्पी थी। उसकी शादी एक बहुत सुसंस्कृत स्त्री से हो गयी। स्त्री ने जीवन के उच्चतर पक्षों को लेकर उसकी आस्वाद-क्षमता विकसित करने के लिए कई तरीक़े अपनाये लेकिन उसकी इनमें क़तई दिलचस्पी नहीं थी।

एक दिन एक बड़े रामायणी उसके गांव में आये। हर शाम वे रामायण महाकाव्य को गाकर सुनाते और उसके श्लोकों की व्याख्या करते। पूरा गांव इस एक आदमी के प्रदर्शन को देखने-सुनने ऐसे जाता जैसे कोई दुर्लभ भोज हो।

उस संस्कृतिविहीन मूर्ख के साथ ब्याही हुई स्त्री ने कोशिश की कि उस प्रदर्शन में उसकी दिलचस्पी जगायी जाये। वहां जाने और सुनने के लिए स्त्री ने उसका बहुत सिर खाया। एक बार भुनभुनाने के बावजूद उसने बीवी का मन रखने का फ़ैसला किया। सो, वह शाम में वहां गया और पीछे की ओर बैठ गया। यह पूरी रात चलने वाला प्रदर्शन था, इसलिए वह जगा नहीं रह पाया। पूरी रात वह सोता रहा। अलस्सुबह, जब एक सर्ग समाप्त हुआ और रामायणी ने उस दिन के लिए समापन वाले श्लोक पढ़े, तो रीति के अनुसार मिठाइयां बंटीं। किसी ने सोते हुए आदमी के मुंह में मिठाई ठूंस दी। वह सोते से उठ गया और अपने घर चला गया। उसकी पत्नी बहुत आनंदमग्न थी कि पतिदेव रात भर वहां टिके रहे। उसने उत्सुकतापूर्वक पूछा कि रामायण में उसे कितना मज़ा आया। पति ने कहा, 'बहुत मधुर था।' पत्नी यह सुन कर खुश हुई।

पत्नी ने अगले दिन भी महाकाव्य को सुनने के लिए उस पर ज़ोर डाला। सो, वह उस तंबू-क़नात के भीतर गया जहां रामायणी का प्रदर्शन चल रहा था, एक दीवार से टिक कर बैठा और पलक झपकते सो गया। भीड़ बहुत थी। एक छोटा लड़का उसके कंधे पर बैठ गया, ख़ुद को अच्छी तरह जमा कर वह मुंह बाये हुए उस मंत्रमुग्धकारी कथा को सुनता रहा। सुबह, जब कथा का उस रात का हिस्सा ख़त्म हुआ तो सभी लोग उठ गये और वह आदमी भी उठ गया। लड़का पहले ही चला गया था, लेकिन रात भर उसका भार ढोने के चलते उस आदमी को बदन में दर्द महसूस हो रहा था। जब वह घर गया और पत्नी ने उत्सुकतापूर्वक पूछा कि कैसा रहा, तो बोला, 'सुबह होते-होते बहुत भारी हो गया।' पत्नी ने कहा, 'ऐसी ही कथा है यह।' वह ख़ुश थी कि अंततः उसका पति महाकाव्य की भावनाओं और महानता को महसूस करने लगा है।

तीसरे दिन वह भीड़ से किनारे होकर बैठा। इतना उनींदा था कि ज़मीन पर ही लेट गया और खर्राटे तक मारने लगा। सुबह-सुबह एक कुत्ता उसके मुंह में पेशाब कर गया। इसके बाद वह उठा और घर चला गया। उसकी पत्नी ने पूछा कि कैसा रहा। उसने इधर-उधर मुंह घुमाया, थोड़ा चेहरा बनाया और कहा, 'भयंकर। बहुत नमकीन था।' उसकी पत्नी को लगा कि कुछ गड़बड़ है। उसने पति से कहा कि ठीक-ठीक बताये, चल क्या रहा है और तब तक नहीं छोड़ा जब तक उसने बता नहीं दिया कि वह रात कथा के दौरान सोता रहा है।

चौथे दिन उसकी पत्नी उसके साथ गयी, उसे पहली क़तार में बिठाया और सख़्ती से कहा कि कुछ भी हो जाये, उसे जगे रहना है। सो, वह पहली क़तार में मुस्तैदी से बैठ कर कथा सुनने लगा। शीघ्र ही वह इस महान कथा के कारनामों और चरित्रों की गिरफ़्त में आ गया। उस दिन रामायणी इस वर्णन के साथ श्रोताओं को मंत्रमुग्ध कर रहे थे कि किस तरह हनुमान को राम की निशानी वाली अंगूठी सीता के सामने पेश करने के लिए समुद्र को छलांगना पड़ा। जब

हनुमान समुद्र पार कर रहे थे तो निशानी वाली अंगूठी उनके हाथ से फिसल कर समुद्र में गिर गयी। हनुमान को पता नहीं था कि क्या करें। उन्हें अंगूठी जल्दी से हासिल करनी थी और सीता के पास ले जाना था। वे अपने हाथ मल रहे थे कि वह पति जो पहली क़तार में बैठ कर पूरे ध्यान से सुन रहा था, बोला, 'हनुमान, चिंता न करो। मैं इसे लाऊंगा।' इसके बाद वह समुद्र में कूद गया, समुद्र के तल में उसने अंगूठी की खोज की, वह उसे वापस ले आया और उसने हनुमान को सौंप दिया।

सभी लोग आश्चर्यचकित थे। सबने सोचा कि यह राम और हनुमान का आशीर्वाद पाया हुआ कोई विशिष्ट व्यक्ति है। तब से वह अपने गांव में एक समझदार बुज़ुर्ग की तरह प्रतिष्ठित है, और उसने इस प्रतिष्ठा के अनुरूप ही व्यवहार किया है। जब आप ध्यानपूर्वक एक कथा को सुनते हैं, ख़ास तौर से रामायण को, तब ऐसा ही होता है।

अंग्रेज़ी से हिंदी अनुवाद : संजीव कुमार

संदर्भ और टिप्पणियां

यह पर्चा मूलतः फ़रवरी 1987 में पिट्सबर्ग यूनिवर्सिटी में सभ्यताओं की तुलना के मुद्दे पर आयोजित सम्मेलन के लिए लिखा गया था। इसे लिखने और प्रस्तुत करने का अवसर प्रदान करने के लिए मैं सम्मेलन के आयोजकों का आभारी हूं और साथ ही अनेक सहकर्मियों, ख़ास तौर से वी. नारायण राव, डेविड शुलमैन और पाउला रिचमैन का आभारी हूं जिन्होंने पर्चे पर टिप्पणी की।

1. इस लोककथा के लिए मैं यूनिवर्सिटी ऑफ़ विस्कॉन्सिन के श्री किरिन नारायण का ऋणी हूं।
2. दक्षिण और दक्षिण-पूर्व एशिया की अनेक रामायणों पर पिछले कुछ सालों में कई कार्य और निबंध-संकलन सामने आये हैं। मैं यहां उनमें से कुछ का ही नामोल्लेख करूंगा जो मेरे लिए प्रत्यक्षतः उपयोगी रहे हैं : असित कु. बनर्जी, संपा., द *रामायणा इन ईस्टर्न*

इंडिया (कलकत्ता : प्रांजा, 1983); पी. बनर्जी, *रामा इन इंडियन लिटरेचर, आर्ट ऐंड थॉट*, 2 खंड (दिल्ली : संदीप प्रकाशन, 1986); जे.एल. ब्रॉकिंग्टन, *राइटिअस रामा : द ईवॉल्यूशन ऑफ़ ऐन एपिक* (दिल्ली : ऑक्सफ़ोर्ड यूनिवर्सिटी प्रेस, 1984); वी. राघवन, *द ग्रेटर रामायणा* (वाराणसी : ऑल इंडिया काशीराज ट्रस्ट, 1973); वी. राघवन, *द रामायणा इन ग्रेटर इंडिया* (सूरत : साउथ गुजरात यूनिवर्सिटी, 1975); वी. राघवन, संपा., *द रामायणा ट्रेडिशन इन एशिया,* (दिल्ली : साहित्य अकादमी, 1980); सी.आर. शर्मा, *द रामायणा इन तेलुगु ऐंड तमिल : ए कम्परेटिव स्टडी* (मद्रास : लक्ष्मीनारायण ग्रंथमाला, 1973); दिनेशचंद्र सेन, *द बंगाली रामायणाज़* (कलकत्ता : यूनिवर्सिटी ऑफ़ कलकत्ता, 1920); एस. सिंगारावेलु, 'ए कम्परेटिव स्टडी ऑफ़ द संस्कृत, तमिल, थाई ऐंड मलय वर्ज़न्स ऑफ़ द स्टोरी ऑफ़ रामा विद स्पेशल रेफ़रेंस टू द प्रोसेस ऑफ़ एकल्चरेशन इन द साउथ-ईस्ट एशियन वर्ज़न्स', *जर्नल ऑफ़ द सियाम सोसाइटी* 56 (जुलाई, 1986) : 137-85।

3. कामिल बुल्के, *रामकथा : उत्पत्ति और विकास* (प्रयाग, हिंदी परिषद् प्रकाशन, 1950)। जब मैंने बुल्के द्वारा की गयी तीन सौ रामायणों की गिनती के बारे में एक कन्नड़ विद्वान को बताया, तो वे बोले कि हाल ही में उन्होंने अकेले कन्नड़ में एक हज़ार से ज़्यादा रामायणों की गिनती की है; एक तेलुगु विद्वान ने भी तेलुगु में एक हज़ार रामायणों के होने का ज़िक्र किया। दोनों ने विभिन्न विधाओं में लिखी गयी रामकथाओं की गिनती की थी। लिहाज़ा, इस पर्चे के शीर्षक को शब्दशः न लें।
4. देखें, सिमोर चैटमैन, *स्टोरी ऐंड डिस्कोर्स : नैरेटिव स्ट्रक्चर इन फ़िक्शन ऐंड फ़िल्म* (इथाका, न्यूयॉर्क : कॉर्नेल यूनिवर्सिटी प्रेस, 1978)।
5. *श्रीमद्वाल्मीकीय रामायणम्* का पद्यानुवाद, अनुवादक : जयकृष्ण मिश्र 'सर्वेश' शास्त्री (लखनऊ : भुवनवाणी ट्रस्ट, 1987), 279-83। [श्री रामानुजन ने डेविड शुलमैन के साथ मिल कर प्रासंगिक हिस्सों का अनुवाद जिस संस्करण के आधार पर किया है,

उसके ब्यौरे इस प्रकार हैं : *श्रीमद् वाल्मीकिरामायण*, के. चिन्नास्वामी शास्त्रीगल एवं वी.एच. सुब्रह्मण्य शास्त्री द्वारा संपादित (मद्रास : एन. रामरत्नम, 1958)]

6. [श्री रामानुजन ने भाग 1.9 के चुने हुए छंदों के अंग्रेज़ी अनुवाद के लिए जिस संस्करण को आधार बनाया है, वह है : *कम्बन इयारिया इरामायणम* (अन्नामलाई : अन्नामलाई पालकलाईक्कलकम, 1957), खंड 1। श्री रामानुजन के अंग्रेज़ी अनुवाद के साथ कम्ब रामायण के एक हिंदी अनुवाद को मिला कर यहां अनुवाद प्रस्तुत किया गया है। उस हिंदी अनुवाद के ब्यौरे इस प्रकार हैं : *कम्ब रामायणम्*, अनुवाद एवं लिप्यंतरण : आचार्य ति. शेषाद्रि, एम.ए. (लखनऊ : भुवनवाणी ट्रस्ट, 1980), पृ. 276-280]
7. सी.एच. टॉनी, अनु., एन.एम. पेंजर, संपा., *द ओसन ऑफ़ स्टोरी*, 10 खंड (संशोधित संस्करण 1927; पुनर्मुद्रण, दिल्ली : मोतीलाल बनारसीदास, 1968), 245-46।
8. रॉबर्ट पी. गोल्डमान द्वारा अनूदित *द रामायणा ऑफ़ वाल्मीकि*, खंड 1 : बालकांड (प्रिंसटन : प्रिंसटन यूनिवर्सिटी प्रेस, 1984) में पृ. 15 पर ऐसी दृष्टियों के विवेचन का जो निचोड़ दिया गया है, उसे देखें। इससे असहमति रखने वाले विचार के लिए देखें, शेल्डन आई. पोलॉक, 'द डिवाइन किंग इन द इंडियन एपिक', *जर्नल ऑफ़ द अमेरिकन ओरिएंटल सोसाइटी* 104, संख्या 3 (जुलाई-सितंबर 1984) : 505-28।
9. ए.के. रामानुजन, अनु., *हीम्स ऑफ़ द ड्राउनिंग : पोयम्स फ़ॉर विष्णु बाइ नम्मालवार* (प्रिंसटन : प्रिंसटन यूनिवर्सिटी प्रेस, 1981), 47। [हिंदी अनुवाद इस लेख के अनुवादक द्वारा]
10. *अध्यात्म रामायण*, 11.4.77-78। देखें, राय बहादुर लाला बैजनाथ, अनु., द *अध्यात्म रामायणा* (इलाहाबाद : द पाणिनी ऑफ़िस, 1913; *सेक्रेड बुक्स ऑफ़ हिंदूज़* में अतिरिक्त खंड 1 के रूप में पुनर्मुद्रित, न्यूयॉर्क : ए.एम.एस. प्रेस, 1974), 39।
11. देखें, एस. सिंगारवेलु, 'ए कम्परेटिव स्टडी ऑफ़ द संस्कृत, तमिल, थाई ऐंड मलय वर्ज़न्स ऑफ़ द स्टोरी ऑफ़ रामा'।

12. संतोष एन. देसाई, 'रामायणा—ऐन इंस्ट्रूमेंट ऑफ़ हिस्टॉरिकल कॉन्टैक्ट ऐंड कल्चरल ट्रांसमिशन बिटवीन इंडिया ऐंड एशिया', *जर्नल ऑफ़ एशियन स्टडीज़* 30, संख्या 1 (नवंबर 1970) : 5।
13. *क्रिटिकल स्टडी ऑफ़ पउमचरियम* (मुज़फ़्फ़रपुर : रिसर्च इंस्टीट्यूट ऑफ़ प्राकृत, जैनोलॉजी ऐंड अहिंसा, 1970), 234।
14. रामे गौड़ा, पी.के. राजशेखर, एवं एस. बसवय्या, संपा., *जनपद रामायण* (मैसूर : एन. पी., 1973; कन्नड़ में)।
15. वही, 150-51।
16. देखें, ए.के. रामानुजन, 'द इंडियन इडीपस', *इडीपस : ए फ़ोकलोर केसबुक* में, संपा. एलां डुंडेस और लॉवेल एडमंड्स (न्यूयॉर्क : गारलैंड, 1983), 234-61।
17. संतोष एन. देसाई, *हिंदूइज़्म इन थाई लाइफ़* (बम्बई : पॉपुलर प्रकाशन, 1980), 63। *रामकीर्ति* पर यहां जो विचार किया गया है, उसके लिए मैं देसाई और सिंगारवेलु के काम का ऋणी हूं।
18. वही, 85।
19. *कम्बन इयारिया इरामायणम* के खंड 1 के 1.1 से चुने हुए छंदों का अनुवाद। [हिंदी अनुवाद के लिए, पूर्ववत, रामानुजन के अंग्रेज़ी अनुवाद के साथ-साथ आचार्य ति. शेषाद्रि के हिंदी अनुवाद की मदद ली गयी है।]
20. देखें, डेविड शुलमैन, 'सीता ऐंड शतकंठरावन इन ए तमिल फ़ोक नैरेटिव', *जर्नल ऑफ़ इंडियन फ़ोकलोरिस्टिक्स* 2, संख्या 3/4 (1979) : 1-26।
21. पीअर्स की अर्थवैज्ञानिक पदावली के लिए एक स्रोत 'लॉजिक ऐज़ सेमिऑटिक' है। उसके लिए देखें, चार्ल्स सैंडर्स पीअर्स, *फ़िलॉसोफ़िकल राइटिंग्स ऑफ़ पीअर्स*, जस्टस बकलर द्वारा संपादित (1940 : पुनर्मुद्रण, न्यूयॉर्क : डोवर, 1955), 88-119।
22. दिनेशचंद्र सेन, *बंगाली रामायणाज़*।
23. रॉबर्ट पी. गोल्डमान, संपा., *द रामायणा ऑफ़ वाल्मीकि*, सात खंड (प्रिंसटन : प्रिंसटन यूनिवर्सिटी प्रेस, 1984)।
24. जो तेलुगु क़िस्सा मैं सुनाने जा रहा हूं, वह मैंने जुलाई 1988 में

हैदराबाद में सुना, और इसके साथ-साथ मैंने कन्नड़ और तमिल के पाठ भी इकट्ठा किये हैं। रामायण के इर्द-गिर्द चलने वाले और क़िस्सों के उदाहरणों के लिए देखें, ए.के. रामानुजन, 'द रैल्म्स ऑफ़ कन्नड़ फ़ोकलोर', *एनदर हार्मनी : न्यू एस्सेज़ ऑन द फ़ोकलोर ऑफ़ इंडिया* में, संपा. स्टूअर्ट एच. ब्लैकबम और ए.के. रामानुजन (बर्कले और लॉस एंजिलिस : यूनिवर्सिटी ऑफ़ कैलिफ़ोर्निया प्रेस, 1986), 41-75।

रामानुजन का आलेख
सांस्कृतिक अनुशीलन की सर्वसमावेशी प्रविधि का अनूठा दस्तावेज़

—मुरली मनोहर प्रसाद सिंह

प्रो. ए.के. रामानुजन का आलेख—'तीन सौ रामायणें : पांच उदाहरण और अनुवाद पर तीन विचार' अब दिल्ली विश्वविद्यालय के बी.ए. आनर्स के सहवर्ती पाठ्यक्रम से ख़ारिज या निरस्त कर दिया गया है। यह आलेख *कल्चर इन इंडिया—ऐनशियेंट* नामक पर्चे का अनिवार्य अंग था। दिल्ली विश्वविद्यालय की विद्वत् परिषद् की सदस्य-संख्या 100 से ऊपर लोगों की है जिनमें प्रोफ़ेसर, डीन, प्रिंसिपल आदि का वर्चस्व ही नहीं, आक्रामक बहुमत है। इन बड़े-बड़े पदाधिकारियों ने रामानुजन का आलेख नहीं पढ़ा है; उक्त आलेख में उल्लिखित वाल्मीकि रामायण, कंब रामायण, कृत्तिवास रामायण या थाईलैंड, इंडोनेशिया, बर्मा, मलयेशिया, लाओस, कंबोडिया, चीन आदि में प्रचलित विविध प्रकार की रामकथाओं को न तो इन लोगों ने पढ़ा है और न इनकी ऐसी अभिरुचि ही है ताकि वे जान तो लें कि रामकथा की भारत तथा दक्षिण-पूर्वी एशियाई देशों में भिन्न-भिन्न परंपराएं कैसी हैं। अपनी प्रभुसत्ता के मद में आकंठ लीन इन विद्वानों ने प्रोफ़ेसर इरफ़ान हबीब द्वारा संपादित पुस्तक *रिलिजन इन इंडियन हिस्ट्री* में संकलित प्रोफ़ेसर सुवीरा जायसवाल का आलेख—'सोशल डायमेंसन्स ऑफ़ दि कल्ट ऑफ़ राम' भी नहीं पढ़ा, जिसमें पूर्वमध्यकालीन धर्मसाधनाओं के पुरातात्विक अनुशीलन द्वारा राम को

विभिन्न रूपों में दिखाया गया है। शिलालेखों और मंदिरों की दीवारों पर उत्कीर्ण राम के भिन्न-भिन्न रूप वही नहीं हैं, जो वाल्मीकि रामायण या तुलसी के रामचरितमानस में हैं। ख़ास तौर पर दक्षिण भारत में रामकथा के संबंध में लोकप्रचलित विश्वासों के ये पुरातात्विक साक्ष्य पूर्वमध्यकालीन भारत के समाज की ऐसी कथा की प्रस्तुति करते हैं जिनसे पता चलता है कि रामकथा का कोई एक प्रामाणिक स्रोत नहीं रहा है।

2008 में दिल्ली विश्वविद्यालय के इतिहास विभाग के कार्यालय और विभागाध्यक्ष पर इस आलेख को हटाने की मांग के साथ राष्ट्रीय स्वयंसेवक संघ से अंगीभूत अखिल भारतीय विधार्थी परिषद् ने जो हंगामा किया, तोड़फोड़ की, अपमानजनक ढंग से गालीगलौज किया–उस टोली के किसी भी सदस्य ने रामानुजन का आलेख नहीं पढ़ा था और न वे रामकथा की समृद्ध परंपरा के विभिन्न पाठांतरों से ही परिचित थे। उनका तो बस एक ही नारा था और है कि हिंदू धार्मिक आस्था को यह आलेख चोट पहुंचाता है, हालांकि कहीं भी रामानुजन ने चोट पहुंचाने वाले एक शब्द का भी इस्तेमाल नहीं किया है।

रामानुजन की तरह ही दुनिया भर के अनेक विद्वानों ने होमर के *इलियड* और *ओडिसी* से संबंधित ट्राय युद्ध, स्पार्टा तथा तत्कालीन यूनान के इतिहास के भिन्न-भिन्न राजाओं और देवी-देवताओं की पुरागाथाओं, लोकगाथाओं आदि का सांस्कृतिक अनुशीलन किया है। *इलियड* और *ओडिसी* एक अंधे गीतकार और लोकगायक होमर की ऐसी मौखिक रचनाएं हैं जो यूनान के ईसापूर्व 1200 वर्ष के इतिहास को अपने में समेटती हैं। ट्राय युद्ध की जो कथा यूनान में प्रचलित है, उससे भिन्न कथा ट्राय नगर में प्रचलित है–यह ट्राय नगर अब वर्तमान तुर्की का एक हिस्सा है। इतिहासलेखन, साहित्यिक समालोचना और सांस्कृतिक नृतत्वशास्त्र के क्षेत्र में होमर के *इलियड* और *ओडिसी* के रचनाकाल (850 ई.पू.) से पहले प्रचलित वाचिक परंपरा

में समाहित ट्राय युद्ध की दंतकथाओं और किंवदंतियों का अनेक प्रकार से विश्लेषण किया गया है। इसके साथ ही *इलियड* और *ओडिसी* की रचना के बाद की लिखित, वाचिक और रंगकर्म परंपरा में ट्राय की कथा के विभिन्न चरितनायकों और नायिकाओं के साथ अपोलो देवता और एथेना देवी की भूमिकाओं का भी विश्लेषण करने के बाद यह मान्यता प्रस्तुत की गयी है कि कोई एक कृति अंतिम रूप से प्रामाणिक और निर्णायक नहीं रही है। इस अनुशीलन के क्रम में यह भी रेखांकित किया गया है कि आज भी ट्राय के लोगों में ईसा के 1200 वर्ष पूर्व के युद्ध-इतिहास की *इलियड* और *ओडिसी* से भिन्न कथा प्रचलित है, चूंकि ट्राय की युद्धगाथा अब तुर्की की संस्कृति का अनिवार्य अंग बन गयी है।

इतिहास के अंतर्गत सांस्कृतिक अनुशीलन चाहे वह *इलियड* से संबंधित हो या रामायण से संबंधित, एक ऐसी ज्ञानशाखा है जिसका गहरा रिश्ता नृतत्वविज्ञान और लोककथा-लोकगीत की तार्किक विवेचना प्रणाली से भी है। इस ज्ञानशाखा का आंशिक संबंध धर्मशास्त्र से भी है, चूंकि धर्मशास्त्र का अध्ययन कोई स्थिर जड़ अनुशीलन प्रणाली न होकर गतिमान ऐतिहासिक प्रक्रिया का ही एक हिस्सा है। धार्मिक आस्था ज्ञानसाधना के क्षेत्र में अगर सर्वोपरि बना दी जाये तो तर्क, प्रश्न, शंका, विवेचना, अनुसंधान और चिंतन के लिए कोई जगह ही नहीं बचेगी, ज्ञानमीमांसा की वस्तुपरक प्रणाली से छात्रों का कोई रिश्ता ही क़ायम नहीं हो पायेगा।

ज्ञानमीमांसा के प्रसार के रास्ते में रोज़-ब-रोज़ बाधा उत्पन्न करने वाले यह चाहते हैं कि छात्रों को यह बताया ही न जाये कि गौतम बुद्ध जिस शताब्दी में हुए थे अर्थात ईसापूर्व छठी सदी में, उसी समय इक्ष्वाकुवंश से संबंधित लोगों द्वारा बतायी गयी घटनाओं के आधार पर रामगाथाओं की सृष्टि एक ओर तत्कालीन परिनिष्ठित संस्कृत भाषा में होने लगी थी और दूसरी ओर उसी के समानांतर लोकभाषाओं में भी होने लगी थी। ईसा पूर्व चौथी शताब्दी

आते-आते राम से संबंधित आख्यान कोसल प्रदेश तक ही सीमित न रहकर लगभग संपूर्ण उत्तर भारत में फैलने लगा था। रामकथा के मर्मज्ञ और विशेषज्ञ डॉ. कामिल बुल्के ने अपनी पुस्तक *रामकथा : उत्पत्ति और विकास* में यह लिखा है कि आदिकवि वाल्मीकि ने 12 हज़ार श्लोकों में इस आख्यान काव्य की रचना की थी किंतु राम के चरित्र को लौकिक चरित्र के रूप में ही प्रस्तुत किया था—आदर्श मानव और एक वीर क्षत्रिय पुरुष के रूप में। कई शताब्दियों तक यह आदिकाव्य मौखिक रूप में ही प्रचलित रहा, नतीजा यह कि इसमें श्रोताओं के रसरंजन-मनोरंजन और अभिरुचि को ध्यान में रखकर कथानक में नयी घटनाएं जोड़ी जाती रहीं। डॉ. बुल्के ने स्पष्टतः यह लिखा है कि वाल्मीकि रामायण के प्रमुख प्रक्षेप अर्थात लोगों द्वारा जोड़े गये उल्लेखनीय घटना-प्रसंग हैं : कनकमृग का वृत्तांत, लंकादहन, हनुमान द्वारा औषध पर्वत लाना, सीता की अग्निपरीक्षा आदि। बुल्के यह भी मानते हैं कि 'जनता की जिज्ञासा को संतुष्ट करने के उद्देश्य से बालकांड और उत्तरकांड के प्रारंभिक रूप की रचना' लोककल्पना की ही परिणति मानी जायेगी।

वाल्मीकि रामायण की रचना के प्रारंभिक चार-पांच सौ वर्षों तक राम को विष्णु, अथवा प्रजापति का अवतार न माना जाकर मात्र वीर आदर्शवादी पुरुष ही माना जाता था। रामकथा के विकास के तीन ऐतिहासिक चरण हैं—पहले चरण में वे क्षत्रिय पुरुष हैं, दूसरे चरण में अर्थात ईसा की पहली शताब्दी के पहले तक विष्णु के अंशावतार के रूप में और तीसरे चरण में अर्थात ग्यारहवीं सदी के बाद समस्त रामकथा भक्तिभाव के रंग में रंगती गयी और राम विष्णु के पूर्णावतार के रूप में उपास्य देव हो गये।

विष्णु पुराण, मत्स्य पुराण, वायु पुराण आदि अठारह पुराणग्रंथों में अवतारवाद की जो परिकल्पना है, उसमें यह माना गया है कि जब भी धर्म की हानि होगी भगवान मनुष्य रूप में अवतार लेंगे। पौराणिक परंपरा में अवतारवाद की परिकल्पना यह स्पष्ट धारणा

प्रस्तुत करती है कि एक निश्चित कार्यभार की परिपूर्ति या सिद्धि के निमित्त एक निश्चित कालावधि तक ही अवतार के रूप में भगवान का अस्तित्व क़ायम रहता है। मत्स्य, कच्छप, वराह अवतार समेत कृष्ण और राम भी दशावतार के अंतर्गत मान्य हैं। इसी अवतार परिकल्पना से संबंधित एक कथा के कुछ अंश ए.के. रामानुजन के आलेख में उद्धृत हैं। इस कथा में पाताल लोक का राजा हनुमान से कहता है कि राम की अंगूठी अगर गिर गयी है और पाताल लोक में पहुंच गयी है तो यह स्पष्ट है कि उनका अवतारी रूप समाप्त हो चुका है। उसी कथा में वसिष्ठ और ब्रह्मा भी राम को गोपनीय मंत्रणा द्वारा बताते हैं कि उनके अवतार की अवधि समाप्त हो गयी है और अब उन्हें साकार अवतारी रूप त्याग देना चाहिए। इस कथा का अभिप्राय है कि राम का ईश्वरत्व समाप्त हो चुका है, ठीक वैसे ही जैसे मत्स्य, कच्छप, वराह आदि का अवतार के रूप में ईश्वरत्व समाप्त हो चुका है। लोककथा की इस तर्कप्रणाली पर एतराज़ असंगत प्रतीत होता है।

प्रो. ए.के. रामानुजन के आलेख में उल्लिखित विविध परंपराओं के प्रति एतराज़ जताने वालों को यह मालूम होना चाहिए कि ख़ुद वाल्मीकि रामायण के लिखित-मुद्रित रूप के भी तीन पाठ हैं– (1) दाक्षिणात्य पाठ (गुजराती प्रिंटिंग प्रेस, बंबई का संस्करण), (2) गौड़ीय पाठ (गौरेसियो द्वारा संपादित तथा पेरिस में 1842 ई. में प्रकाशित), (3) पश्चिमोत्तरीय पाठ (दयानंद महाविद्यालय, लाहौर का संस्करण)।

ईसा पूर्व चौथी-पांचवीं सदियों में बौद्ध और जैन धर्म का बड़े पैमाने पर प्रसार होने के कारण रामकथा के भी बौद्ध और जैन पाठ विविध रूपों में प्रचलित होने लगे थे। 'दशरथ जातकम्', 'अनामजातकम्' तथा 'दथरथकथानम्' में राम का व्यक्तित्व बोधिसत्व के रूप में चित्रित किया गया था। जैनियों ने भी रामकथा को अपनाया। विमल सूरि ने ईसवी सन् की तीसरी सदी में प्राकृत भाषा में रचित

पउमचरियं के द्वारा राम को जैन धर्मसाधना के सांचे में ढाला था। पहले *पद्मचरित* नाम से रविषेण ने इसका संस्कृत भाषा में रूपांतर किया, पर बाद में दौलतराम ने इसका खड़ी बोली हिंदी में 1818 में अनुवाद किया था। बौद्ध रामकथा की तुलना में जैन रामकथा के अनेक रचनाकार हुए जिनमें हेमचंद्र, जिनदास, पद्मदेवविजयगणि, सत्यभूदेव आदि के नाम उस समय बहुप्रचलित थे। कन्नड़ भाषा में भी अनेक जैन कवियों ने रामकथाएं रची थीं जिनमें गुणभद्रकृत *उत्तरपुराण* पर्याप्त रूप से प्रसिद्ध माना जाता था।

रामकथा को केंद्र में रखकर नाट्यकृतियों और नाट्यकर्म या नाट्यलीला-रामलीला की भी लंबी परंपरा है। नाटकों के कथानकों में प्रबंधकाव्यों की तुलना में कहीं अधिक परिवर्तन किये गये। इसीलिए कथाविन्यास में नये घटनाप्रसंगों की भरमार रही थी। कहीं-कहीं शृंगार रस और अद्‌भुत रसों का परिपाक रामकथा को एकदम नवीन सजधज प्रदान करता रहा था।

जैन परंपरा की क़िस्सागोई में हिंदू रामकथा जैसे मूल्य नहीं हैं। विमल सूरि के *पउमचरियं* में रावण खलनायक और राक्षस नहीं है। हिंदू पुराण की जगह जैन रामकथा प्रति-पुराण अर्थात पुराणकथा के ठीक उलट है। रावण तीर्थंकरों का भक्त और अनुयायी है और तपस्या के बल पर सारी सिद्धियां प्राप्त कर लेता है। जैन रामकथा की एक अन्य परंपरा में सीता रावण की बेटी है। इस कथा में रावण की हत्या राम के द्वारा नहीं होती बल्कि लक्ष्मण के द्वारा होती है। रावण की दशानन के रूप में प्रचलित छवि से संबंधित जैन कथा यह कहती है कि जब रावण का जन्म हुआ तो उसकी मां को नवलखा हीरकहार उपहार में दिया गया जिसे उसने रावण की गर्दन में पहना दिया जिसमें उसके नौ मुखमंडल प्रतिबिंबित होते थे। इसीलिए उसका नाम दशमुख पड़ा।

कन्नड़ लोककथाओं में रावण निःसंतान होने के कारण दुःखी रहता है। अंततः जंगल में संतानप्राप्ति के लिए तपस्या के क्रम में

एक जोगी (स्वयं शिव वेशभूषा बदलकर उपस्थित हैं) मिलता है जो जादुई आम देकर यह कहता है कि गूदा पत्नी को खिलाना और गुठली तुम चूसना। रावण ठीक उलटा काम करता है और गर्भधारण कर लेता है। सीता उसी गर्भ के कारण नासिकाछिद्र के रास्ते पैदा होती है।

थाईलैंड की *रामकीर्त्तिकथा* या थाई शब्द में कहें हो *रामकीन* वस्तुतः *वाल्मीकि रामायण* के कथाविन्यास जैसा है। पर अनेक ऐसे घटना प्रसंग हैं जो स्थानीय देसी परिपाटियों के अनुसार जोड़े गये हैं। उदाहरण के लिए, शूर्पणखा की बेटी सीता से प्रतिशोध लेती है। वह नौकरानी बनकर अयोध्या आती है और सीता को रावण के व्यक्तित्व के रेखांकन चित्र बनाने की प्रेरणा देती है और राम को ये चित्र दिखलाती है। ईर्ष्या के मारे क्रुद्ध होकर सीता की हत्या का आदेश राम स्वयं लक्ष्मण को देते हैं। पर लक्ष्मण करुणा-प्रेम के वशीभूत होकर ऐसा नहीं करते बल्कि सीता को जंगल में छोड़ आते हैं। फिर शिव के वरदान से राम और सीता का पुनर्मिलन होता है।

प्रो. ए.के. रामानुजन ने दक्षिण-पूर्ण एशिया में प्रचलित रामकथाओं, रामलीलाओं और राम तथा सीता से संबंधित वाचिक लोककथा परिपाटियों की विवेचना के द्वारा यह स्पष्ट किया है कि किस तरह ब्रिटिश औपनिवेशिक सत्ता के राजनीतिक-सांस्कृतिक प्रभुत्व के प्रसार के पहले से ही भारत तथा दक्षिण-पूर्व एशिया के बीच सांस्कृतिक आदान-प्रदान अपने जीवंत रूप में मौजूद रहा है। अगर भारत को आज भी आर्थिक-राजनीतिक दृष्टि से इस सांस्कृतिक अंतःक्रिया को पल्लवित करना है तो भारत को सभी भाषाई अंचलों, आदिवासी क्षेत्रों तथा एशियाई देशों की खांटी देसी परंपराओं को समझना होगा और सम्मानपूर्वक इन स्थानीय उद्भावनाओं के सारतत्व की विलक्षणता की तार्किक विवेचना करनी होगी।

हिंदू राष्ट्रवाद की उन्मादी टोलियां दर्शन की परंपरा के अंतर्गत वेद-वेदांत से भिन्न अन्य दार्शनिक परंपराओं—जैसे मीमांसा, सांख्य,

न्याय, लोकायत, बौद्ध, जैन आदि चिंतनधाराओं–के अस्तित्व और उनकी सकारात्मक उपलब्धियों को भारतीय संस्कृति का अनिवार्य हिस्सा मानने से इनकार करती हैं; रामकथा की अन्य परंपराओं को लेकर भी उनकी संकीर्ण दृष्टि तार्किक विवेचना प्रणाली के प्रति शत्रुतापूर्ण रुख़ अपनाकर अवरोध और अंध बुद्धिविरोध का रवैया अख़्तियार करती हैं। निष्कर्ष यह कि ज्ञानमीमांसा का सर्वनाश करने में ही हिंदूवादी संघी लोग राष्ट्रीय हित का चरमोत्कर्ष समझते हैं।

प्रो. ए.के. रामानुजन समाज-आधारित भाषावैज्ञानिक विद्वत्परंपरा, लोकगीत-लोककथा की विवेचना प्रणाली और द्वंद्वात्मक दृष्टिकोण के प्रति सजग एक महान चिंतक माने जाते हैं। लिखित-मुद्रित सांस्कृतिक निधि और वाचिक सांस्कृतिक परंपरा के बीच आदान-प्रदान और अंतःक्रिया से रामकथा के कथानक, चरित्र-चयन, घटना-विन्यास आदि में नयी-नयी देसी उद्‌भावनाओं की व्याख्या प्रस्तुत करने वाला उनका आलेख सांस्कृतिक अनुशीलन की सर्वसमावेशी प्रविधि का अनूठा दस्तावेज़ है। यह आलेख प्रश्नाकुलता और विवेकसंगत विश्लेषण की दृष्टि से नयी पीढ़ी के लिए अनिवार्य रूप से पठनीय सामग्री प्रस्तुत करता है। इसे पाठ्‌यक्रम से हटाना एक तर्कविरोधी, परंपराविरोधी और राष्ट्रविरोधी उन्माद मात्र है।

रामायण की समृद्धि,
विश्वविद्यालय की दरिद्रता

—रोमिला थापर का साक्षात्कार

दिल्ली विश्वविद्यालय के पाठ्यक्रम से ए.के. रामानुजन का लेख हटाये जाने के निर्णय पर **रोमिला थापर** *के साथ* **प्रिस्सिला जेबराज** *की बातचीत :*

आपने कहा है कि चूंकि इसके साथ दिल्ली विश्वविद्यालय का इतिहास विभाग और विद्वत् परिषद् जुड़ी है, महज़ इसी कारण से यह मसला इतिहास और शिक्षा तक सीमित नहीं है। लेकिन इसकी राजनीतिक पृष्ठभूमि भी है क्या?

मेरा विचार है कि इसकी एक राजनीतिक पृष्ठभूमि है क्योंकि इस निबंध के विरुद्ध शुरुआती हमले (2008) का नेतृत्व एबीवीपी ने किया था जिन्होंने यह सुनिश्चित कर रखा था कि जब वे हमला करें तो टीवी कैमरे चालू रहें, ताकि इसको ठीक-ठीक रिकॉर्ड किया जा सके।

उनकी मांग यह थी कि चूंकि इससे हिंदू समुदाय की भावना को चोट पहुंची है, इसलिए इसे वापस ले लिया जाना चाहिए। यह कहीं से भी शैक्षिक मांग नहीं है। जिस ढंग से इस कार्रवाई को अंजाम दिया गया, उससे यह बिल्कुल साफ़ है कि यह इतिहास विभाग और ख़ासतौर पर इस निबंध के विरोध की राजनीतिक कार्रवाई थी।

विश्वविद्यालय ने शुरुआत में इसके संबंध में एक शैक्षिक रुख़ अख़्तियार किया और चार इतिहासकारों की एक समिति का गठन यह

तय करने के लिए किया कि क्या इस निबंध को पाठ्यक्रम से हटाया जाना चाहिए। इनमें से तीन ने बहुत ही साफ़-साफ़ यह कहा कि किसी भी परिस्थिति में इस निबंध को पाठ्यक्रम से नहीं हटाया जाना चाहिए। यह जानना रोचक है कि उनमें से एक इतिहासकार ने यह नहीं कहा कि इससे हिंदू समुदाय की भावनाओं को चोट पहुंचती है, बल्कि उसका कहना था कि यह स्नातक स्तर पर पढ़ाने के लिए उपयुक्त नहीं है। क्योंकि स्नातक स्तर के विद्यार्थी रूपांतरों और सूक्ष्म भेदों से जुड़े प्रश्न को नहीं समझ पायेंगे। इस तरह विशेषज्ञ भी इस निबंध को पाठ्यक्रम से हटाये जाने की अनिवार्यता के बारे में नहीं सोचते थे।

विशेषज्ञों की राय के बावजूद, और शायद मामला अदालत में विचाराधीन था, इसको विद्वत् परिषद् में ले जाया गया। और जितना मैं समझ सकती हूं, इस बात का कोई संकेत नहीं दिया गया कि इस मसले पर विचार किया जायेगा। यही कारण है कि लोग बिना तैयारी के गये और अचानक मामले पर उन्हें इस या उस पक्ष में फ़ैसला लेना था। और इस शुरुआती क्रिया और विश्वविद्यालय की प्रतिक्रिया ने यह सवाल उठाया कि कुछ लोगों द्वारा संकाय सदस्यों की पिटाई और विभागों में तोड़फोड़ से क्या पाठ्यक्रमों और पाठ्यचर्याओं को बदला जा सकता है? मेरे विचार में यही वह बुनियादी सवाल है जिसका शिक्षकों को सामना करना है, जिसका उत्तर देना है और जिस पर अपना रुख़ साफ़ करना है।

रामानुजन ने वाल्मीकि रामायण और कंब रामायण सहित कई रूपांतरों पर विचार किया है। इन दोनों रामायणों में भी हिंदू कट्टरपंथियों के लिए समस्यात्मक तत्व रहे हैं। ऐसे में वे किस रूपांतर का समर्थन करेंगे?

मेरे विचार में उनमें से किसी ने भी *वाल्मीकि रामायण* को पूरा नहीं पढ़ा है... उनमें से आधों ने *कंब रामायण* का नाम भी नहीं सुना होगा।

वे किसका समर्थन कर रहे हैं? उनकी सोच *वाल्मीकि रामायण* के बारे में उन जनश्रुतियों पर टिकी होती है जो उनके विचार से

शायद उसमें व्यक्त हुई हो। और जैसा आप जानती हैं, कोई भी इस बात से चिढ़ सकता है कि लोग मामले के बारे में न तो पढ़ने का, न अध्ययन करने का और न ही समझने का कष्ट उठाते हैं। वे बस खड़े हो जाते हैं, हो-हल्ला मचाने लगते हैं और हटाने-निकालने की मांग करने लगते हैं।

जिस बात को लोग समझ नहीं पाते, वह यह है कि राम की कहानी, जिसे हम राम कथा कहते हैं, उसका बड़े पैमाने पर विभिन्न ऐतिहासिक दौर में विस्तार हुआ है। *वाल्मीकि रामायण* के पहले संकलन और कंबन की *रामायण* के बीच लगभग एक हज़ार साल की दूरी है। धीरे-धीरे कई क्षेत्रीय अध्ययन भी होते रहे हैं। इसलिए अपरिहार्य रूप से कई तरह के रूपांतर भी रहे होंगे। जैसे ही कोई व्यक्ति कथा का कोई नया रूपांतर लिखने की ओर अग्रसर होता है, हालांकि ऐसा करते हुए वह किसी ख़ास रूपांतर पर निर्भर हो सकता है, फिर भी, मूल *रामायण* में वह कुछ-न-कुछ नया अवश्य जोड़ेगा। और महाकाव्य का अपरिहार्य ढांचा ऐसा ही होता है।

जब भी किसी महाकाव्य की तरफ़ जनता का ध्यान जाता है, तो यह बहुत स्वाभाविक है कि उसमें सदैव कुछ-न-कुछ जुड़ता और कुछ-न-कुछ घटता रहता है। बिल्कुल वैसे ही जैसे कोई ऐसा लुढ़कता पत्थर जो लुढ़कने की प्रक्रिया में कुछ छोड़ता चलता है और कुछ जोड़ता चलता है।

इसलिए यह मानते हुए कि इसका ढांचा महाकाव्य का है, क्या मुख्यधारा के दिमाग़ों में एक ख़ास तरह के सृजन या रूपांतर को ही अंतिम पाठ के रूप में स्थापित करना जोख़िम भरा है? आपने एक बार दूरदर्शन पर रामायण धारावाहिक के ख़तरों के बारे में बात की थी...

बिल्कुल। आपको इस तथ्य पर ज़ोर देना होगा कि बहुत से रूपांतर थे, अन्यथा लोग यह मानने की ओर झुकने लगते हैं कि कहानी का एक ही पाठ या रूपांतर था या कि वही निश्चित रूपांतर है।

जिस दौर में वाल्मीकि ने *रामायण* की रचना की थी, उस समय दो और रूपांतर भी थे। उनमें से एक तो बिल्कुल ही अलग था और दूसरा भी काफ़ी हद तक भिन्न था।

इनमें बौद्ध जातक थे जिन्हें दशरथजातक के नाम से जाना जाता है, जिसके अनुसार, राम और सीता भाई और बहन थे और सहचर के रूप में शासन करते थे। यह मूल मिथकों की बौद्ध परंपरा के पूरी तरह अनुरूप था। यह राम और सीता की सर्वोच्च स्थिति को ही दर्शाता था, लेकिन जिसकी अशिक्षित लोगों द्वारा बिल्कुल ही ग़लत ढंग से व्याख्या की गयी है और जो इसी वजह से हम सब पर चीख़ते-चिल्लाते हैं जिन्होंने उस रूपांतर का उल्लेख किया है जिसमें राम और सीता के सहचर के रूप में शासन करने की बात कही गयी है।

जैन रूपांतर, जिसके बारे में रामानुजन ने लिखा है, वह बहुत ही रोचक है क्योंकि लेखक विमल सूरि ने इसकी शुरुआत ही यह कहने के साथ की है, 'आपने अब तक रामकथा के जो रूपांतर सुने हैं वे बिल्कुल ही झूठे और ग़लत हैं और जिन्हें मूर्ख लोगों ने लिखा है। मैं आप लोगों को सच्ची कहानी सुनाऊंगा।' और वे ऐतिहासिक राजा सेणिय (श्रेणिक) के दरबार में कहानी को अवस्थित करते हैं... और कहते हैं कि *राक्षसों* को दानवों की तरह चित्रित करना मूर्खता है। वे पूरी तरह से सामान्य मनुष्यों की तरह थे। दूसरे शब्दों में, विमल सूरि ने वाल्मीकि की फ़ैंटेसी को विवेकपूर्ण बनाने का प्रयत्न किया और इसीलिए इन दोनों रूपांतरों को एक साथ देखना बहुत ही रोचक है।

तो फिर, वाल्मीकि रामायण हिंदू संस्कृति की मुख्यधारा कैसे बन गयी?

इसका कारण कुछ हद तक तो यह है कि इससे संस्कृत साहित्य की पूर्ववर्ती परंपरा को महानता मिलती है क्योंकि यह तथ्य है कि यह लंबे समय से मुख्य सांस्कृतिक परंपरा रही है। और कुछ हद तक

इसका कारण यह भी है कि औपनिवेशिक विद्वानों ने इसका उल्लेख निश्चित पाठों के रूप में करके इसको दुबारा बल प्रदान किया।

उत्तर-औपनिवेशिक दौर में विद्वानों ने इस अवधारणा पर सवाल उठाने शुरू किये, क्या तब व्यापक समाज की अवधारणाओं को बदलने का भी कोई समांतर प्रयास हुआ?

नहीं ऐसा नहीं हुआ। और इसके लिए मैं ख़ास तौर पर दृश्य माध्यमों को दोष दूंगी। क्योंकि उन्होंने ही इस अवधारणा को प्रोत्साहित किया कि हमारी सांस्कृतिक विरासत में प्रत्येक मुख्य ग्रंथ का एक निश्चित पाठ है। इस तरह उन्होंने विभिन्न रूपांतर होने के तथ्य को कम महत्त्व दिया।

लेकिन आप देखेंगे कि इसकी शुरुआत भी विद्वानों के द्वारा ही हुई। इस पूरी कहानी में जो चीज़ सबसे ज़्यादा परेशान करने वाली है वह यह है कि इस देश के अग्रणी विश्वविद्यालयों में से एक की विद्वत् परिषद् इस मसले पर दो घंटे बहस करती है और 10 के मुक़ाबले 90 मत रामानुजन के विरुद्ध पड़ते हैं। और 90 में से कितनों ने उस निबंध को पढ़ने का कष्ट उठाया होगा, जिसकी कि वे निंदा कर रहे थे? विद्वत् परिषद् के (बहुत से) लोगों को तो यह मालूम भी नहीं होगा कि इस किताब की अंतर्वस्तु क्या है। एक बार फिर, वे तो सुनी-सुनायी बातों के आधार पर ही अपना फ़ैसला दे रहे थे।

कोई व्यक्ति खड़ा होता है और निंदा करता है, और तब आसपास मौजूद एक समूह कहता है, 'अच्छा यह बात है, तो निस्संदेह हमें भी निंदा करनी चाहिए।' इस तरह... हम इस देश में पढ़ने की आदत खोते जा रहे हैं। हम मूल पाठों को पढ़ने की ओर नहीं लौट रहे हैं। हम या तो उन्हें टेलीविज़न पर देखते हैं या उन्हें *अमर चित्र कथा* में पढ़ते हैं।

मैं नहीं जानती कि दिल्ली विश्वविद्यालय के कुलपति की राजनीति क्या है, और इस लिहाज़ से उन 90 लोगों की भी क्या

राजनीति रही होगी जिन्होंने रामानुजन का निबंध हटाने के पक्ष में मत दिया।

लेकिन यह बहुत साफ़ है कि इसमें एक राजनीतिक तत्व है। राजनीतिक तत्व यह हो सकता है कि (क) यही वह निर्णय है जिस पर मेरी पार्टी को कोई एतराज़ नहीं है और इसी वजह से मैंने इसका समर्थन किया, (ख) कि इसके संबंध में मैं क्यों परेशान होऊं, यह एक राजनीतिक मामला है। विद्वत् परिषद् ही इसका निर्णय ले। इस वजह से कुछ लोगों ने ग़ैरहाज़िर रहने का निर्णय लिया था। या (ग) इस मामले में कोई सकारात्मक भूमिका मत निभाओ क्योंकि कल यदि आप किसी ख़तरे में पड़ोगे तो कोई आपकी मदद नहीं करेगा।

शायद विद्वत् परिषद् को यह याद दिलाया जाना चाहिए कि प्रत्येक विद्वान को वर्तमान ज्ञान पर सवाल करने की ज़रूरत होती है क्योंकि इसी तरीक़े से ज्ञान में बढ़ोतरी होती है।

समिति के जिस एक विद्वान ने यह कहा कि यह निबंध स्नातक स्तर के पाठ्यक्रम के लिए उपयुक्त नहीं है, उन्होंने महसूस किया होगा कि शिक्षक इसकी पृष्ठभूमि पूरी तरह से समझाने में कामयाब नहीं होंगे। तो, हम इस बात को कैसे जानेंगे कि वह कब पढ़ाने के लिए उपयुक्त है?

ठीक, यही मेरा मुद्दा है। यदि आप यह कहते हैं कि शिक्षक इसको समझा नहीं पायेंगे तो फिर आपने उसे नियुक्त क्यों किया है? और आपने उस शिक्षक को प्रशिक्षित क्यों नहीं किया कि वह दूसरों को यह सरल सी बात समझा सके कि मूल पाठ के कई रूपांतर होते हैं?

इस मामले पर विद्वत् परिषद् में विचार किया जाना चाहिए या इसे इतिहास विभाग पर ही छोड़ दिया जाना चाहिए?

इस मामले को इतिहास विभाग पर ही छोड़ दिया जाना चाहिए, लेकिन मुझे अंदेशा है कि विद्वत् परिषद् अपना विश्वास पहले ही गंवा चुकी थी, क्योंकि यह मामला कोर्ट में पहुंच गया था।

इस बात की तरफ़ ध्यान दिलाया गया है कि रामानुजन इतिहासकार नहीं बल्कि कवि और लोकसाहित्य के अध्येता हैं। जब यह सुझाव दिया गया कि उनके निबंध को आपके या रामशरण शर्मा से बदल दिया जाये, तो यह कहा गया कि ये दोनों तो इतिहाकार हैं और किसी अंतर-अनुशासनिक दृष्टिकोण को रखना ज़्यादा मूल्यवान था।
यह बहुत ही रचनात्मक निबंध है। हम सभी ने इस विषय पर लिखा है। लेकिन रामानुजन के निबंध की अच्छी बात यह है कि आपको इस विषय पर एक बहुत ही अलग परिप्रेक्ष्य प्राप्त होता है। और यही चीज़ विद्यार्थी के लिए मूल्यवान है। इस तरह के पाठ्यक्रम में, जहां आप व्यापक रूप से संस्कृति का अध्ययन कर रहे हैं, आपको बहुत ही अलग क़िस्म के परिप्रेक्ष्य की बार-बार ज़रूरत होती है।

इसलिए एक व्यापक मामले के रूप में, क्या अंतर-अनुशासनिक दृष्टिकोण अच्छी चीज़ नहीं है? इतिहास के बाहर के क्षेत्र से परिप्रेक्ष्यों को प्राप्त करना?
इस निबंध को पढ़ने और सवालों को पूछने या बिल्कुल अलग नतीजों तक पहुंचने से भौतिकी के किसी भी प्रोफ़ेसर को कोई नहीं रोक सकता। लेकिन जैसे इतिहास का कोई प्रोफ़ेसर भौतिकी की पाठ्यचर्या में दख़ल नहीं देगा, उसी तरह कोई इस बात की उम्मीद नहीं करता कि इतिहास की पाठ्यचर्या में भौतिकी का प्रोफ़ेसर दख़ल देगा...

अंतर-अनुशासनिकता के बारे में इस पूरे तर्क का रोचक पहलू यह है कि समाजविज्ञानों पर हमेशा हमला किया जाता है। लेकिन विज्ञानों पर कभी हमला नहीं किया जाता क्योंकि लोग यह कहकर मूर्ख कहलाना पसंद नहीं करते कि यह पढ़ाया जाना उचित नहीं है। इसीलिए लोग विज्ञानों के बारे में कोई सवाल नहीं करते। लेकिन समाजविज्ञानों के बारे में हर कोई टिप्पणी करने के लिए तैयार रहता है, और कई मामलों में तो विषय के बारे में किसी भी तरह की जानकारी के बिना ही ऐसा किया जाता है। यह आम धारणा है

कि इनके बारे में किसी तरह की विशेषज्ञता की ज़रूरत नहीं है, यह तो सामान्य ज्ञान की बात है।

बहुत से भारतीयों के लिए शैक्षिक विचार-विमर्श के लिए यह कोई प्राचीन मिथकशास्त्र नहीं है बल्कि उनका वर्तमान धार्मिक विश्वास है। क्या आप सोचती हैं कि इस वजह से इसमें कुछ छूट दी जानी चाहिए?

आपका कहना बिल्कुल सही है कि यह सिर्फ़ मिथकशास्त्र नहीं है बल्कि धर्म भी है। और इन्हें ऐसा बनाया गया है। यहां थोड़ा इतिहास में पीछे चलते हैं। बहुत से विद्वान यह मानते थे कि *रामायण* और *महाभारत* वीरों के बारे में महाकाव्यात्मक कहानियां भर हैं। और कुछ काल तक वे ऐसी ही बनी रहीं। और फिर, जब राम और कृष्ण को विष्णु का अवतार बना दिया गया, तो ये पवित्र ग्रंथों के रूप में परिवर्तित हो गये। पुणे के वी.एस. सुक्थंकर ने इसकी बहुत ही श्रेष्ठ व्याख्या की है। उन्होंने भृगु ब्राह्मणों की चर्चा की है जिन्होंने इन महाकाव्यों को भागवत साहित्य में बदल दिया था, अर्थात् वीरों को विष्णु के अवतार में बदल दिया था। और तब ये पवित्र ग्रंथ बन गये। हां, यह सही है कि आज इन्हें पवित्र ग्रंथ समझा जाता है, लेकिन मूल रूप में ये ऐसे थे नहीं।

दूसरे, अगर यह मान भी लिया जाये कि यह पवित्र साहित्य है, तो भी बहुत हद तक यह मिथकशास्त्र पर आधारित है। मेरा मतलब है, यह बौद्ध मत और जैन मत से काफ़ी अलग है, जिनकी कहानियां भी मिथकशास्त्र पर आधारित हैं, बिल्कुल अलग तरह की पौराणिक कहानियां। लेकिन साथ ही, यहां एक ऐतिहासिक संस्थापक भी है, जिसकी ऐतिहासिकता का बहुत ठोस प्रमाण मौजूद है, और वह संस्थापक शिक्षा भी प्रदान करता है। यह बिल्कुल अलग कहानी है।

यह इस्लाम और ईसाइयत से भी अलग है जहां एक पवित्र पुस्तक है और जिसे लोग सत्य मानते हैं। ज़्यादातर हिंदू ऐसा नहीं मानते।
नहीं, औपनिवेशिक काल में एक समस्या यह भी थी कि जब उन्होंने न्यायालय स्थापित किये और उन्होंने कहा कि यूरोपीय क़ानून के अनुसार आप बाइबिल पर हाथ रखकर शपथ ले सकते हैं। इसलिए उन्होंने पूछना शुरू किया कि हिंदुओं की कौन-सी धार्मिक पुस्तक है? और इस तरह आपको *भगवद्गीता* मिली, आपको *रामायण* मिली, आपको *वेद* मिले। आपको बहुत तरह के उत्तर मिले क्योंकि कोई एक धार्मिक पुस्तक नहीं थी। धार्मिक पुस्तकों की बहुलता थी। और फिर, यहां विविधता का प्रश्न उपस्थित हुआ। कौन यह स्वीकार करेगा कि कौन सी पुस्तक प्रमुख धार्मिक पुस्तक है?

जैसा कि सुक्थंकर ने दिखाया है, पिछले कुछ दशकों से बिल्कुल वैसा ही परिवर्तन हम देख रहे हैं कि कुछ लोग जानबूझकर हिंदुओं के धार्मिक साहित्य का एक निश्चित पाठ पैदा करने की कोशिश कर रहे हैं?
हां, दरअसल यह कोशिश हो रही है कि हिंदुओं के विश्वास और उनकी पूजा-पद्धति पवित्र ग्रंथों के विचार पर आधारित हों।

रामानुजन ने कुछ अंतरराष्ट्रीय रूपांतरों की चर्चा भी की है...
उदाहरण के लिए, दक्षिण-पूर्व एशिया जहां *रामायण* उनकी संस्कृति का मूलभूत ग्रंथ है। लेकिन *रामायण* का उनका अपना रूपांतर है, वे *वाल्मीकि रामायण* को अपना ग्रंथ नहीं मानते। दक्षिण-पूर्व एशिया के बहुत से रूपांतरों में वर्णित कहानी का एक मूलभूत भाग यह है कि सीता रावण की बेटी है और रावण को यह बात मालूम नहीं है, क्योंकि वह सुदूर कहीं गुप्त रूप से रह रही है। तो अब आप क्या करेंगे? मेरा मतलब है, क्या ये लोग जकार्ता और दूसरे स्थानों पर जाकर विश्वविद्यालयों पर हमला करेंगे कि वे इन रूपांतरों को क्यों पढ़ाते हैं?

और यह उस समय जब हम भारतीय संस्कृति को भूमंडलीय स्तर पर फैलाना चाहते हैं?

मुझे इसमें विडंबना नज़र आती है कि दिल्ली में यह घटना तब घटित हुई जब मानव संसाधन विकास मंत्री संयुक्त राज्य अमेरिका में बैठकर सर्वोच्च विश्वविद्यालयों को इस बात के लिए राज़ी करने की कोशिश कर रहे थे कि वे भारत में अपने परिसर स्थापित करें। रामानुजन शिकागो विश्वविद्यालय के सर्वाधिक सम्मानित संकाय सदस्यों में से एक थे और मंत्रालय इस कोशिश में लगा है कि शिकागो विश्वविद्यालय अपना परिसर भारत में स्थापित करे। यदि आज रामानुजन ज़िंदा होते और शिकागो विश्वविद्यालय का एक परिसर दिल्ली में होता, और वही सब कुछ होता जो यहां हुआ, तो किस तरह की प्रतिक्रिया होती? सारा मामला बेतुका नज़र आता है।

दि हिंदू (28 अक्टूबर, 2011) से साभार

अंग्रेज़ी से अनुवाद : जवरीमल्ल पारख

आधिकारिक मूलपाठ नियत करने की सियासी ज़िद

–रोमिला थापर

प्रो. रोमिला थापर की यह भूमिका आक्सफ़ोर्ड यूनिवर्सिटी प्रेस से 2000 में प्रकाशित और पाउला रिचमैन द्वारा संपादित पुस्तक, क्वैश्चनिंग रामायनाज़ : ए साउथ एशियन ट्रेडीशन, *से साभार ली गयी है।*

मुझे किसी ने बताया कि काठमांडू में लेखकों की एक सभा को संबोधित करते हुए मशहूर अदीब इंतज़ार हुसैन ने यह कहा कि मुझे यह मालूम ही नहीं था कि दुनिया के नक़्शे पर अयोध्या भी कहीं है। मुझे तो हमेशा वह कपोलकल्पित रियासत या एक आवाज़ या एक अनुगूंज लगती थी। बाबरी मस्जिद के ढहाये जाने के बाद मुझे एक अदीब की हैसियत से मजबूरन अपने जुगराफ़िया के नक़्शे में फेरबदल करनी पड़ी।

एक मायने में कथा या रामकथा के स्थान के नक़्शे में फेरबदल भारतीय सभ्यता का स्थायी तत्व रहा है। यह बात पाउला रिचमैन की इसी के साथ की दूसरी संपादित किताब, *मेनी रामायनाज़,* से भी साफ़ तौर पर उभर कर आती है जिससे रामकथा के अनेक रूपों और विविध संस्करणों के बारे में हमारी जानकारी में और इज़ाफ़ा होता है जिनको लेकर पिछले दिनों काफ़ी बहस-मुबाहिसा होता रहा है। *वाल्मीकि रामायण* को एक स्थायी मूलपाठ के रूप में

देखना और बाक़ी रामकथाओं को उसी स्थायी मूलपाठ का रूपांतरित पाठ मानना सही नहीं होगा क्योंकि बाक़ी रामकथाओं में अक्सर भारतीय समाज के किन्हीं ख़ास हिस्सों की परस्परविरोधी विश्वदृष्टियों का संदर्भ छुपा हुआ रहा है। यही बेहतर होगा कि हर पाठ को, किसी आधिकारिक पाठ के साथ न रखकर, उसके अपने विशिष्ट संदर्भ की रोशनी में देखा-परखा जाना चाहिए।

रामकथा के नाना रूपों में, जिनकी अब शिनाख़्त हो गयी है और जो बहस-मुबाहिसे का हिस्सा बन चुके हैं, उन पाठों को भी अब शामिल किया जाने लगा है जो अब तक अनदेखे या उपेक्षित रहते आये थे, मिसाल के तौर पर क्षेत्रीय भाषाओं में रचे गये, या बोलियों में या जनजातियों में प्रचलित या नीची समझी जाने वाली जातियों द्वारा उन्हीं के लिए रचे गये पाठों को देखा जा सकता है। इनका संग्रह करने से रामकथा पर एक नया विमर्श उद्‌घाटित हुआ है, लेकिन उनका संग्रह करके वहीं तक रुक जाने की कोई तुक नहीं होगी, उन सबका भी विश्लेषण होना चाहिए। रामायण पर सवालिया निशान लगाने का मतलब, इसलिए, उस विवेक पर भी सवालिया निशान लगाना है जिसे एक आदर्श या नॉर्म माना जाता रहा। इस काम में इस सवाल की व्याख्या भी शामिल करनी होगी कि आख़िर तरह-तरह की रामकथाएं क्यों रची गयीं और उनमें आधिकारिक रामकथा से अलग तरह की रोचकता और शक्ति क्यों बनी चली आ रही है। ये नाना रूप इस कथा की शक्ति का संकेत देते हैं जिसे विविध रूपों में अवाम के बड़े हिस्सों ने अपनाया। इन नाना रूपों से एक क़ौमी तहज़ीब तक को पोषित किया जा सकता है। इन तमाम पहलुओं की छानबीन के काम में इन कथाओं के रचनाकारों, उनके श्रोता समाजों, उनके स्थान और उद्‌देश्यों की छानबीन भी शामिल होगी। पाउला की इस किताब में इन सवालों के जवाब अंशतः तलाशने की कोशिश है।

सवालिया निशान लगाने के सिलसिले के दौरान इसी से जुड़ा हुआ एक मुद्‌दा यह भी उठता है कि क्या *वाल्मीकि रामायण* और

तुलसीदास के *रामचरितमानस* को आधिकारिक रामकथा के रूप में वर्णित किया जाये और बाक़ी रामकथाओं को उनके विपरीत? आधिकारिक रामकथाओं को भी काल से परे और ऐतिहासिक संदर्भ से मुक्त नहीं माना जा सकता। सामाजिक और ऐतिहासिक दृष्टिकोण से देखें तो इस तरह का बरताव रामकथाओं के अर्थ को संकुचित कर देता है, भले ही ऐसे बरताव से उनके दार्शनिक लक्ष्यार्थ में कुछ जुड़ जाता हो। मेरा इरादा यह सुझाने का नहीं है कि उनकी ऐतिहासिकता स्थापित की जाये। अगर उनका ऐतिहासिक संदर्भ मालूम हो तो भी ऐसा करना ग़ैरज़रूरी है। मगर किसी तरह का काल्पनिक विवरण भी काल के किसी क्षण या क्षणों से और सामाजिक-राजनीतिक आधार से जुड़ा होता है जिसकी वजह से उसे ऐतिहासिक संदर्भ हासिल होता है, मगर ज़रूरी नहीं कि ऐतिहासिकता भी हासिल हो। रामकथा के इतिहास में जायें तो दो ऐसे अवसर दिखायी देंगे जिनमें इसकी अस्मिता के लिए ऐतिहासिकता को काफ़ी अहमियत दी गयी। एक तो प्रारंभिक दौर की जैन कथा, *पउमचरियम्*, है जिसमें यह आग्रह किया गया कि रामकथा वही नहीं है जो ब्राह्मणों ने कही है, सच्ची रामकथा तो ऐतिहासिक रूप से जैन रामकथा ही है, जो सम्राट् बिंबसार के समक्ष बांची गयी थी। दूसरी तरफ़ विश्व हिंदू परिषद् का उतना ही आग्रह राम की जन्मभूमि को लेकर और *रामायण* की घटनाओं की आधिकारिक ऐतिहासिकता को लेकर है, हालांकि दोनों जैन रामकथा से मेल नहीं खाते। क्या इन दोनों में कोई समानताएं भी हैं? यहां यह सवाल कोई भी कर सकता है कि इस तरह के आग्रहों के माध्यम से किसे लामबंद किया जा रहा था।

समकालीन भारत में, रामकथा ने एक राजनीतिक भूमिका अख़्तियार कर ली है जो वैष्णव और कुछ एक भक्ति आंदोलनों में बरती गयी स्थायी प्रतीकात्मकता से एकदम भिन्न है। मौजूदा भूमिका मुख्यतया वाल्मीकि *रामायण* और तुलसीदास के *रामचरितमानस* पर

आधारित है। टेलिविज़न पर दिखाया गया 'रामायण' सीरियल और रामजन्मभूमि और बाबरी मस्जिद विवाद इसी रामकथा से प्रेरित था। इस तथ्य की खोजबीन करना काफ़ी दिलचस्प होगा कि क्या इस कथा को भारतीय राजनीति में एक प्रतीक के तौर पर हमेशा इस्तेमाल किया जाता रहा है? किस तरह और किन-किन रूपों में रामकथा को बार-बार सत्ता और पद हासिल करने के लिए और ज्ञान की दावेदारी करने में इस्तेमाल किया गया? कहीं ऐसा तो नहीं कि हमने इसकी इस तरह की भूमिका की पहचान ही न की हो क्योंकि हमने कभी रामकथा को उसके विविध आख्यानों के साथ-साथ रख कर देखने-परखने की कोशिश ही नहीं की। कुछ ऐसे राजनीतिक प्रयास, खुले तौर पर रावण के रूप में मुस्लिम समुदाय को देखने के संकेत देने वाले, सामने ज़रूर आये। मगर इस तरह के तर्क पर इससे सवालिया निशान लग जाता है कि बहुत से हिंदू शासकों को भी रावण की तरह से चित्रित किया गया था। इस तरह के तर्क को उलटा जा सकता है, क्योंकि यह सवाल उठाया जा सकता है कि क्या रावण उस 'पराये' का मूर्तरूप नहीं था जो दूसरे 'पराये' के लिए ख़तरा था और इस तरह इस प्रतीक को बहुत सारे व्यक्तियों पर चस्पां किया जा सकता था। यह 'परायापन' सामान्यीकृत या सीमित दायरे तक भी नहीं था। माइकेल मधुसूदन दत्त के *मेघनाद वध* नामक काव्य में रावण के साथ सहानुभूति दर्शायी गयी है। एक राजनीतिक और साहित्यिक वक्तव्य के तौर पर उन्नीसवीं सदी में यह कृति पाठकों पर गहरा असर करती थी, मगर आज के हिंदुत्ववादी हिस्सों में इसे पूरी तरह ख़ारिज किये जाने की संभावना है, उसे सामने लाने का प्रयास भी शायद रास न आये।

रामकथा का बहुप्रचलित रूप, चाहे वह *वाल्मीकि रामायण* का हो या तुलसीदास का, राजनीतिक उद्देश्य की पूर्ति के लिए इस्तेमाल किया जा सकता है जिससे उच्च जातियों के प्रभुत्व को दिखाया जा सकता है और निम्न जातियों की मुख़ालफ़त उन्हें रावण के साथ

जोड़ कर पेश की जा सकती है। या फिर इसे हिंदुओं का मुस्लिम समुदाय पर प्रभुत्व जमाने के लिए इस्तेमाल किया जा सकता है, जैसा कि रामजन्मभूमि-बाबरी मस्जिद विवाद में देखा गया। मगर जब रामकथा के नाना रूप सामने लाये जाते हैं तो बहुप्रचलित रूप का राजनीतिक इस्तेमाल जटिल होने लगता है, यानी आसान नहीं रह जाता। इसलिए ज़रूरत यह पहचानने की है कि समाज के बहुत सारे समूहों ने अपनी विश्वदृष्टि संप्रेषित करने के लिए रामकथा का या उसके किन्हीं अंशों का अपना रूप रचा।

पाउला रिचमैन द्वारा संपादित इस पुस्तक में ज़्यादा जटिल तरीक़े से यह सवाल उठाया गया है कि रामकथा के ये अनंत विविध रूप किस कारण से रचे गये। रामकथा की इस परंपरा के भीतर भांति-भांति के सवाल उठाये गये हैं जो राज्य चलाने के तौर-तरीक़ों से लेकर सामाजिक दायित्व और परस्पर रिश्तों, स्त्री के प्रति दृष्टिकोण की निर्मितियों, रोज़मर्रा के आपसी व्यवहार की नैतिकता, राक्षसों और देवताओं के प्रति दृष्टिकोण यानी मानव गतिविधि के हर पहलू तक के विस्तार को समेटे हुए हैं।

इन अध्ययनों का और अन्य अध्ययनों का भी, जिनका संबंध लोक और जनजातियों में प्रचलित रूपों से है, शायद सबसे अधिक स्पष्ट गुण यह है कि ये अध्ययन रामकथा के वर्णन के विविध रूपों का खुलासा करते हैं। यह विविधता उन रूपों की समृद्धि में, जिनसे हम बहुत ज़्यादा परिचित हैं, और अधिक इज़ाफ़ा तो करती ही है, साथ ही उन तौर-तरीक़ों को भी दर्शाती है जिन्हें अपना कर रामकथा को नया संदर्भ दिया जाता रहा है। संदर्भों के ये विविध रूप मौजूदा दौर के उन प्रयासों के, ख़ासकर राजनीति से प्रेरित प्रयासों के, विरुद्ध जाते हैं जिनसे कथा के एक ही रूप को 'आधिकारिक' ठहराया जा रहा है। अगर आज के समय में भी उस कथारूप को 'आधिकारिक' नहीं स्वीकार किया जा रहा है जो टेलीविज़न पर दिखाया गया और उन रूपों को ही मान्यता प्राप्त है

जो देश के विभिन्न हिस्सों में लोगों के समूहों द्वारा गाये या रामलीला के रूप में पेश किये जाते हैं, तो अतीत में तो रामकथा के भांति-भांति के रूप प्रचलित रहे ही होंगे।

इस सच्चाई को जानते हुए यह बिल्कुल तर्कसंगत लगता है कि अतीत में राम की पूजा पूरे भारत में एक ही रूप में नहीं की जाती रही है। कुछ इलाक़े हैं, जैसे हिंदी क्षेत्र, जहां यह प्रथा ज़्यादा प्रचलित है जबकि अन्य क्षेत्रों में दूसरे देवी-देवताओं की पूजा, जैसे दुर्गापूजा दशहरा के वक़्त, प्राथमिकता हासिल कर लेती है।

इसी तरह जातिश्रेष्ठता का भी मसला है। उच्च समझी जाने वाली जातियों के लिए राम 'मर्यादा पुरुषोत्तम' के रूप में पूजे जाते हैं। क्या शूद्र समझी जाने वाली जातियां यह जानकर राम के प्रति वही भाव रख सकती हैं कि राम ने एक शूद्र को इसलिए मार दिया क्योंकि वह उच्च जातियों की तरह यज्ञ करने का साहस दिखा रहा था जो शूद्रों के लिए वर्जित था?

धार्मिक कथाओं के विविध रूप प्रचलित हैं। हर रूप एक सांस्कृतिक वस्तु है और उसे उसी नज़र से देखा जाना चाहिए। हर रूप का अपना सामाजिक ग्रहणकर्ता समूह है जो उसे वैधता प्रदान करता है और इस समूह को मान्यता देना अनिवार्य है। अब सवाल यह उठता है कि कौन सा विशिष्ट कथारूप किसी ख़ास विचारधारा के लिए उपयुक्त होता है और क्यों। हाल के बरसों में हिंदुत्ववादी तत्वों की राजनीति द्वारा एक ही प्रचलित कथारूप को सबसे स्वीकार्य कराने की कोशिश उस परंपरा के ख़िलाफ़ दिखायी देती है जिसमें रामकथा की विविधता को भारत की संस्कृति के रूप में देखा जाता रहा है।

रामकथा के बहुप्रचलित संस्करण की टेलीविज़न पर प्रस्तुति और अलग-अलग जगहों के स्थानीय पारंपरिक वाचन व प्रस्तुतियों के बीच चल रही प्रतिस्पर्धा आजकल काफ़ी ज़ोर पकड़ चुकी है क्योंकि टेलीविज़न का गहरा असर होता है। क्या अलग-अलग जगहों की

स्थानीय प्रस्तुतियां आगे चल कर टिक पायेंगी या लुप्त हो जायेंगी? सवाल सिर्फ़ स्थानीय संस्करणों को जीवित बनाये रखने का ही नहीं है, यह राष्ट्रीय संस्कृति में जगह बनाने और उसमें शिरकत के मसले से भी जुड़ा हुआ है। जब तक राष्ट्रीय संस्कृति एक ऐसी चीज़ मानी जायेगी जिसे गढ़ा गया है और जो दूसरों पर लादी जा रही है, तब तक वह परायी ही समझी जायेगी और उसका उन ताक़तों द्वारा दोहन किया जायेगा जो पद-प्रतिष्ठा और शक्ति हासिल करना चाहती हैं। उम्मीद यह बनती है कि अलग-अलग जगहों के स्थानीय संस्करणों से जुड़ी भावनाएं इस कथा के बार-बार रचे जाने वाले नाना रूपों में प्रतिबिंबित होंगी। क्या टेलीविज़न सीरियलों के प्रोड्यूसर यह साहस दिखा सकते हैं कि वे क्षेत्रीय भाषाओं में रची रामकथाओं को ही नहीं, उन भाषाओं की विविध बोलियों में कही जाने वाली कथाओं को, या उन जैसी उन कथाओं को जिन्हें वहां के कवियों ने रचा है, और उन स्त्री गीतों को भी दिखायें जिनमें बहुत से मूल मानी जाने वाली रामकथा को चुनौती देते हैं। लिंगभेद के बारे में जिस तरह चेतना विकसित हो रही है, उससे, मसलन स्त्री गीतों से, कथा के उस स्वरूप की झलक मिल सकती है जिसमें सीता की भावनाओं की या कथा में वर्णित दूसरी महिलाओं के मन की तस्वीर उस तस्वीर से जुदा दिखायी पड़ सकती है जो मूल माने जाने वाली आम रामकथा से उभरती है। ये कथाएं आधिकारिक रामकथा से कुछ मात्रा में उलट लग सकती हैं, इसलिए कम नुक़सानदेह हो सकती हैं, मगर ये भिन्न विश्वदृष्टि की नुमाइंदगी तो करती ही हैं। यह स्थिति सांस्कृतिक रूप से आगे पनप सकती है, इसलिए स्थापित संस्कृति के लिए ख़तरा दिखायी देती है।

स्थापित संस्कृति के अस्वीकार के अन्य रूप भी दिखायी दे सकते हैं। अक्सर यह तर्क दिया जाता है कि रामकथा में संस्कृतनिष्ठ ब्राह्मणवादी संस्कृति और मूल्यों का दूसरे समूहों की संस्कृति और उनमें प्रचलित मूल्यों से टकराव परिलक्षित होता है जिन्हें सामूहिक रूप

से 'राक्षस' कहा गया। मगर दूसरी तरह के टकरावों की ओर भी शोधकर्ताओं का ध्यान गया है और आज भी विभिन्न रूपों में यह काम जारी है। उदाहरण के तौर पर, चक्रवर्ती सम्राट् वाली समाज-व्यवस्था और गणराज्य वाली व्यवस्था के बीच टकराव। अयोध्या और रामराज्य की अवधारणा चक्रवर्ती सम्राट् व्यवस्था को अन्य सभी तरह की व्यवस्थाओं से श्रेष्ठ स्थापित करती है, मगर राक्षसों की जीवन-पद्धति का वर्णन एक वैकल्पिक समाज-व्यवस्था का संकेत देता है जो अपने स्वरूप में गणराज्य-व्यवस्था के काफ़ी नज़दीक़ है, उन्हें राज्याधिपति या गणराज्य कहा जाता है। इस तरह की व्यवस्था भारतीय इतिहास के प्रारंभिक युग में प्रमुख रूप से मौजूद थी।

एक और परस्पर विरोध ग्राम या क्षेत्र तथा अरण्य या वन के बीच भी रहा है। यह विरोध वैदिक साहित्य के समय से ही नज़र आता है। ऐसा कहा गया है कि यह परस्पर विरोध किसी स्थान या वन संपदा को लेकर नहीं है, बल्कि यह विरोध हर क्षेत्र के कार्यकलापों के दृष्टिकोण को रेखांकित करता है, जिनमें धर्म की अवधारणाओं से उनके रिश्ते भी निहित हैं। अगर बसावट एक तरतीब के साथ और अनुशासित ढंग से हुई और जानी-पहचानी मानी जाने लगी तो जंगल को बेतरतीब और अनुशासनरहित माना गया, इसलिए जंगली कहा गया और उसकी कोई पहचान नहीं बन पायी। प्रतीकात्मक तौर पर जंगल बसावट का विलोम है। रामायण और महाभारत, दोनों महाकाव्यों में कथा बसावट और जंगल के बीच घूमती रहती है और इनकी प्रतीकात्मकता कथाओं के बहुत से पहलुओं को नियंत्रित करती है।

इन तनावों की अभिव्यक्ति तक़रीबन बहुप्रचलित कथारूपों की अधिकतर प्रस्तुतियों में नदारद रहती है। इनकी प्रतीकात्मकता की झलक भी धूमिल हो जाती है या फिर महाकाव्य के राजनीतिक इस्तेमाल से पैदा होने वाली संवेदनहीनता की वजह से उसे दूसरी तरह की रंगत दे दी जाती है। जो विद्वान कथा की समृद्ध विविधता

का अनुसंधान करते हैं उनकी आवाज़ दबा दी जाती है, जैसा कि सफ़दर हाशमी मेमोरियल ट्रस्ट द्वारा 'अयोध्या' पर आयोजित प्रदर्शनी के साथ हुआ था। इस प्रदर्शनी में एक पैनल पर *दशरथ जातक* का कथारूप प्रस्तुत किया गया था। चूंकि कुछ राजनीतिक तत्व भारतीय सभ्यता में जातक कथाओं से अनभिज्ञ थे और उस जातक का प्रतीकार्थ समझने में असमर्थ थे, अतः उन्होंने उस पैनल पर आपत्ति जतायी, उस पैनल को हटवाया और मांग की कि प्रदर्शनी ख़त्म की जाये। बदक़िस्मती से ऐसी मांग उन तत्वों की तरफ़ से आती है जो ख़ुद को भारतीय संस्कृति और परंपरा के मूल्यों का अलमबरदार कहते हैं, मगर वे उन मूल्यों को जानते तक नहीं हैं। जातक कथा वाल्मीकि रामायण का कोई एक संस्करण नहीं थी, क्योंकि उस वक़्त जब जातक लिखे गये थे रामकथा कोई तर्कातीत पवित्र ग्रंथ नहीं थी। जातक तो बौद्ध साहित्य से उपजे मिथकों के नज़रिये से स्वतंत्र रूप से रचे गये कथारूप थे।

आख्यान अपने ऊपर इतिहास की कड़ी परतें जमा लेते हैं। अतः इनके पाठों को मूलपाठ मानकर विश्लेषित करना और उन्हें आज के नज़रिये से परखना नाकाफ़ी होता है। ऊपर जमी इन परतों या क्षेपकों की प्रकृति पर ध्यान केंद्रित करने और उस प्रक्रिया को समझने से, जिससे मूलपाठ का हमारा नज़रिया ही बदल जाता है, काफ़ी अर्थपूर्ण शोध सामने आते हैं। कभी-कभी ये क्षेपक आख्यान के राजनीतिक इस्तेमाल की वजह से निर्मित होते हैं। बीसवीं सदी में रामायण के राजनीतिक इस्तेमाल को दो मुख्य सियासी मोर्चाबंदियों के अवसर पर साफ़ तौर से देखा गया। एक, दक्षिण भारत में ब्राह्मणविरोधी आंदोलन के वक़्त जिसमें राम को ब्राह्मणपोषक और रावण को ब्राह्मणविरोधी के रूप में खड़ा दिखाया गया था। दूसरा, रामजन्मभूमि आंदोलन जिसमें राम के महिमामंडन द्वारा उच्च जातियों द्वारा पोषित हिंदुत्ववादी ताक़तों ने मुसलमानों के भारतीय नागरिक होने के अधिकार पर चोट की।

आज नयी सहस्राब्दी के प्रारंभ में हम नहीं कह सकते कि भविष्य में ये सांस्कृतिक प्रतीक क्या शक्ल अख़्तियार करेंगे। क्या इनके विपरीत नये मिथक गढ़े जाने की ज़रूरत होगी? क्या नये मिथकों में पात्रों की भूमिका, समाज में होने वाले नये ऐतिहासिक परिवर्तनों की रोशनी में, उलट दी जायेगी? विविध पाठों को लेकर हो रही चर्चाओं, बहसों और सवाल उठाने के इन सिलसिलों से एक ही रामकथा को आधिकारिक मूलपाठ मनवाने की ज़िद के लिए ख़तरा दिखायी दे रहा है। इन चर्चाओं से यह संकेत भी मिलता है कि दूसरों के द्वारा रचे गये उन पाठों के प्रति भी संवेदनशील होने की ज़रूरत है जिनमें दूसरों को अपनी भावनाओं और दुख-दर्द की अभिव्यक्ति दिखायी देती है।

बौद्ध और जैन रामकथा

–डॉ. कामिल बुल्के

बौद्ध रामकथा

प्राचीन काल से बौद्धों ने रामकथा अपनायी है और उसे जातक-साहित्य में स्थान दिया है। जातक एक ऐसी कथा है जिसमें महात्मा बुद्ध अपने असंख्य पूर्वजन्मों में मनुष्य अथवा पशु के रूप में भाग लेते हैं। इस उपाय के द्वारा बौद्ध धर्मोपदेशक प्रचलित कथाओं और लोकप्रिय आख्यानों को अपनाने में समर्थ हुए हैं। प्राचीन बौद्ध साहित्य में रामकथा-संबंधी तीन जातक सुरक्षित हैं, जिनमें से **दशरथ-जातक** सबसे अधिक प्रसिद्ध और महत्वपूर्ण है, इस कारण इसका वर्णन यहां पहले किया गया है।

दशरथ जातक

दशरथ जातक को लेकर बहुत वाद-विवाद हुआ है, क्योंकि कई विद्वानों का मत यह है कि इसमें रामकथा का मूल रूप सुरक्षित है। निबंध के द्वितीय भाग में इस विवादग्रस्त विषय का पूरा विश्लेषण किया जायेगा। यहां पर इतना ही कहना पर्याप्त है कि यह जातक जिस **जातकट्ठवण्णना** में पाया जाता है, वह पांचवीं शताब्दी ई. की एक सिंहली पुस्तक का पाली अनुवाद है। इस सिंहली पुस्तक में जो कथाएं पायी जाती हैं, वे प्राचीन पाली गाथाओं की टीका के रूप में लिखी गयी हैं।

प्रत्येक जातक में पहले 'वर्तमान कथा' (**पच्चुप्पन्न वत्थु**) दी जाती है जिसमें यह बतलाया जाता है कि किस अवसर पर महात्मा बुद्ध ने इस जातक को कहा है।

इसके बाद 'अतीत कथा' (**अतीतवत्थु**) उद्धृत है, जिसे वास्तविक जातक मानना चाहिए।

अंत में महात्मा बुद्ध 'जातक का सामंजस्य' (**समोधान**) प्रस्तुत करते हैं जिसमें वह वर्तमान कथा और अतीत कथा के पात्रों की अभिन्नता प्रकट करते हैं।

गाथाएं प्रायः अतीत कथा ही में मिलती हैं, लेकिन वे कभी वर्तमान कथा और कभी समोधान में भी विद्यमान हैं। इनके लिए एक टीका जोड़ी गयी है जिसमें गाथा के प्रत्येक शब्द का अर्थ दिया गया है।

पाली **जातकट्ठवण्णना**[1] के **दशरथ-जातक** की रामकथा का संक्षेप इस प्रकार है :

वर्तमान कथा : महात्मा बुद्ध ने यह जातक जैतवन में कहा। किसी गृहस्थ का पिता मर गया था। इस पर उसने शोक के वशीभूत होकर अपना सारा कर्तव्य छोड़ दिया। यह जान कर बुद्ध ने उससे कहा कि प्राचीन काल के पंडित लोग (**पोराणक पंडिता**) अपने पिता के मरण पर किंचित् भी शोक नहीं करते थे। इसके अनंतर दशरथ के मरने पर राम के धैर्य का उदाहरण देने के लिए महत्मा बुद्ध ने **दशरथ-जातक** सुनाया।

अतीत कथा : दशरथ महाराज वाराणसी में धर्मपूर्वक राज्य करते थे। इनकी ज्येष्ठा महिषी के तीन संतान थीं : दो पुत्र (राम-पंडित और लक्खण) और एक पुत्री (सीता देवी)। इस महिषी के मरने के पश्चात् राजा ने एक दूसरी को ज्येष्ठा के पद पर नियुक्त किया (**अग्गमहेसिट्ठाने ठपेसि**)। उसके भी एक पुत्र (भरत कुमार) उत्पन्न हुआ। राजा ने उसी अवसर पर उसको एक वर दिया। जब भरत की अवस्था सात वर्ष की थी, रानी ने अपने पुत्र के लिए राज्य

1. दे. फॉस्बाल : *दि जातक,* भाग 4, 123; नं. 461।

मांगा। राजा ने स्पष्ट इनकार कर दिया। लेकिन जब रानी अन्य दिनों भी पुनः-पुनः इसके लिए अनुरोध करने लगी तब राजा ने उसके षड्यन्त्रों के भय से अपने दोनों पुत्रों को बुलाकर कहा–'यहां रहने से तुम्हारा अनर्थ होने की संभावना है। किसी अन्य राज्य या वन में जाकर रहो और मेरे मरने के बाद लौटकर राज्य पर अधिकार प्राप्त करो।' तब राजा ने ज्योतिषियों को बुलाकर उनसे अपनी मृत्यु की अवधि पूछी। बारह वर्ष का उत्तर पाकर उन्होंने कहा–'हे पुत्रो, बारह वर्ष के बाद आकर (राज) छत्र को उठाना।' पिता की वंदना करके दोनों भाई चले जाने वाले ही थे कि सीता देवी भी पिता से विदा लेकर उनके साथ हो लीं। तीनों के साथ-साथ बहुत से अन्य लोग भी चल दिये। उनको लौटाकर तीनों हिमालय पहुंच गये और वहां आश्रम बनाकर रहने लगे।

नौ वर्ष के बाद दशरथ पुत्रशोक के कारण मर जाते हैं। रानी भरत को राजा बनाने में असफल होती है, क्योंकि अमात्य और भरत भी इसका विरोध करते हैं। तब भरत चतुरंगिणी सेना लेकर राम को ले आने के उद्देश्य से वन को चले जाते हैं। उस समय राम अकेले ही हैं। भरत उनसे पिता के देहांत का सारा वृत्तांत कह कर रोने लगते हैं। राम पंडित न तो शोक करते और न रोते हैं (**रामपंडितो नेव सोचि न रोदि**)।

संध्या समय लक्खण और सीता लौटते हैं। पिता का देहांत सुनकर दोनों अत्यंत शोक करते हैं। इस पर रामपंडित उनको धैर्य देने के लिए अनित्यता का धर्मोपदेश सुनाते हैं। उसे सुनकर सबों का शोक मिट जाता है (**निस्सोका अहोसि**)।

बाद में भरत के बहुत अनुरोध करने पर भी रामपंडित यह कहकर वन में रहने का निश्चय प्रकट करते हैं–'मेरे पिता ने मुझे बारह वर्ष की अवधि के अंत में राज्य करने का आदेश दिया है। अब लौटकर मैं उनकी आज्ञा का पालन नहीं कर सकूंगा। मैं तीन वर्ष के बाद लौट आऊंगा।'

जब भरत भी शासनाधिकार अस्वीकार करते हैं तब रामपंडित अपनी तृण की पादुकाएं (**तिणपादुका**) देकर कहते हैं, 'मेरे आने तक ये शासन करेंगी।'

खड़ाऊंओं को लेकर भरत, लक्ष्मण और सीता अन्य लोगों के साथ वाराणसी लौटते हैं। अमात्य इन पादुकाओं के सामने राजकार्य करते हैं। अन्याय होते ही पादुकाएं एक-दूसरे पर आघात करती हैं (**परिहण्णन्ति**) और ठीक निर्णय होने पर वे शांत रहती हैं।

तीन वर्ष व्यतीत होने पर रामपंडित लौटकर अपनी बहन सीता से विवाह करते हैं। सोलह सहस्र वर्ष तक धर्मपूर्वक राज्य करने के बाद वे स्वर्ग चले जाते हैं।

समोधान : इसमें पहले राम के 16000 वर्ष तक शासन करने के विषय में एक गाथा उद्धृत है और इसके बाद महात्मा बुद्ध जातक का सामंजस्य यों बैठाते हैं—उस समय महाराजा सुद्धोदन महाराज दशरथ थे; महामाया (बुद्ध की माता) राम की माता, यशोधरा (राहुल की माता) सीता, आनन्द भरत थे और मैं रामपंडित था।

अनामकं जातकम्

तीसरी शताब्दी ई. में **अनामकं जातकम्** का कांग-सेंग-हुई द्वारा चीनी भाषा में अनुवाद हुआ था। मूल भारतीय पाठ अप्राप्य है। चीनी अनुवाद **लियेऊ तू त्सी किंग** नामक पुस्तक में सुरक्षित है (दे. चीनी तिपिटक का तैशो संस्करण नं. 152)। इस जातक में किसी भी पात्र के नाम का उल्लेख नहीं हुआ है, लेकिन राम सीता का वनवास, सीता-हरण, जटायु का वृत्तांत, बालि और सुग्रीव का युद्ध, सेतुबन्ध, सीता की अग्निपरीक्षा, इन सबों के संकेत मिलते हैं। इसमें एक महत्वपूर्ण अंतर यह है कि राम की विमाता के कारण पिता द्वारा वनवास नहीं दिया जाता। वे अपने मामा के आक्रमण की तैयारियां सुनकर स्वेच्छा से अपना राज्य छोड़ देते हैं। बालि वध का वृत्तांत भी बदल गया है—राम के धनुषसंधान को देखते ही बालि भयभीत होकर

भागता है और उसका आगे चलकर कोई उल्लेख नहीं है। यह परिवर्तन स्वाभाविक है। राम ने अर्थात् बोधिसत्व ने बालि का वध किया है, इसकी कल्पना बौद्धों के लिए असह्य हुई होगी। **अनामकं जातकम्** का वृत्तांत इस प्रकार है[1] :

किसी समय बोधिसत्व एक महान राजा था। वह सदैव चार गुणों से (दान, प्रियवचन, न्याय, समदर्शिता) समस्त जीवों की रक्षा करता था। उसका मामा भी राजा हो गया था। वह निर्लज्ज, लोभी, निर्दयी तथा दुष्ट था। बोधिसत्व का राज्य छीनने के लिए उसने एक सेना तैयार की।

बोधिसत्व के राज्य-संचालकों ने भी सेना एकत्र की। बोधिसत्व ने सेना का निरीक्षण करके कहा–'केवल अपने स्वार्थ के लिए मैं असंख्य मनुष्यों का जीवन नष्ट करूंगा। यदि मैं बाहर चला चला जाऊं तो समस्त देश की रक्षा हो जायेगी।'

मंत्रियों को राज्यभार सौंपकर वह अपनी रानी के साथ वन चला गया। उसके मामा ने राज्य में प्रवेश कर देश पर अधिकार कर लिया। जनता को इससे बहुत कष्ट हुआ।

बोधिसत्व पहाड़ी वन में निवास करता था। समुद्र में दुष्ट नाग रहता था। उसने ऋषि का छद्म-वेष धारण कर लिया। जिस समय राजा फल लेने गया था, नाग रानी का अपहरण कर भाग निकला। समुद्र की ओर उसका पथ दो घाटियों के तंग रास्ते से था। पहाड़ी पर एक विशाल पक्षी रहता था। उसने अपने पंख फैला कर रास्ता रोक लिया। नाग ने पक्षी को मारा और उसका दाहिना पंख तोड़ डाला। अंत में वह समुद्र में स्थित अपने द्वीप को लौट गया।

फल तोड़कर राजा लौटा। अपनी रानी को न पाकर वह बहुत दुखी हुआ और धनुष-बाण लेकर रानी की खोज में पर्वतों में

1. अंग्रेजी अनुवाद, दे. *चीन रामायण* : सरस्वती विहार ग्रंथमाला 8 (1938 ई.)। फ्रेंच अनुवाद, दे. बुलेटिन एकाल फ्रासेस एक्सट्रेम **ओरियन** : भाग 4 (1904), पृ. 698-701।

इधर-उधर घूमने लगा। एक नदी के स्रोत पर पहुंच कर राजा ने एक बड़े बंदर को देखा जो उदास और खिन्न था। पूछने पर बंदर ने कहा 'मैं राजा था। मेरे चाचा ने मेरा राज्य छीन लिया है। अब मेरा कोई साथी नहीं रहा।' राजा ने भी अपना सब वृत्तांत कहा। पारस्परिक सहायता के लिए वचनबद्ध होकर दोनों ने मैत्री कर ली। दूसरे दिन बंदर ने अपने चाचा से युद्ध किया। राजा (बोधिसत्व) ने धनुष में बाण संधाना जिसे देखते ही बंदर का चाचा मारे डर के भाग निकला।

बंदर ने अपने साथियों को बोधिसत्व की रानी को खोज लाने की आज्ञा दी। एक-एक करके वे सभी चल पड़े। बंदरों ने एक आहत पक्षी देखा। पक्षी ने बताया कि एक नाग ने रानी को चुराया है।

कपिराज ने अपनी सेना को समुद्र पार करने में असमर्थ पाया। इंद्र ने छोटे बंदर का रूप धारण कर कहा–'प्रत्येक बंदर को पर्वत का एक-एक टुकड़ा लाने की आज्ञा दो। समुद्र पर इस प्रकार एक मार्ग बन जायेगा और आप द्वीप में पहुंच जायेंगे।'

बंदरों ने ऐसा करके समुद्र पार किया। सब बंदरों ने नाग-द्वीप को घेर लिया। नाग ने एक विषैला घना कुहरा उत्पन्न किया जिससे सभी पृथ्वी पर गिर पड़े। छोटे बंदर (इंद्र) ने एक दैवी औषधि सबकी नाकों में लगायी और सब स्वस्थ होकर जाग पड़े।

अब नाग ने आंधी और बादल से सूर्य छिपा लिया। बिजली चमकने लगी। छोटे बंदर (इंद्र) ने बतलाया कि बिजली ही नाग है। इस पर राजा ने एक बाण से नाग को मार गिराया।

छोटे बंदर ने रानी को मुक्त किया। राजा अपने मामा का देहांत सुनकर अपने देश चला गया। राजा ने रानी से कहा–'पति से अलग, दूसरे के घर निवास करने पर लोग स्त्री के आचरण पर संदेह करते हैं। तुम्हें स्वीकार करने का परंपरा के अनुसार कहां तक औचित्य है?' रानी ने उत्तर दिया–'मैं एक नीच की गुफा में रही, किंतु फिर भी मैं इसमें पंकज की तरह रही। यदि मुझमें सतीत्व है, तो पृथ्वी फट जाये।' पृथ्वी फटी और रानी ने कहा, 'मेरा सतीत्व प्रमाणित हुआ।'

राजा और रानी के प्रभाव के कारण सब वर्ण अपने-अपने धर्म का पालन करने लगे। बुद्ध ने भिक्षुओं से कहा, 'तब मैं राजा था, गोपा रानी थी, देवदत्त मामा था और मैत्रेय इंद्र था।' बोधिसत्व के आचरण में शांति की पारमिता असीम है।

दशरथ कथानम्

चीनी तिपिटक के अंतर्गत **त्सा-पौ-त्संग-किंग** नामक 121 अवदानों का संग्रह है।[1] यह संग्रह 472 ई. में चीनी भाषा में अनूदित हुआ था। अप्राप्य मूल भारतीय ग्रंथ की रचना दूसरी शताब्दी ई. के बाद हुई थी, क्योंकि इसमें राजा कनिष्क अनेक कथाओं के प्रधान पात्र माने गये हैं। इसमें एक **दशरथकथानम्** भी मिलता है, जिसकी विशेषता यह है कि इसमें सीता या किसी भी राजकुमारी का कोई भी उल्लेख नहीं हुआ है। कथावस्तु यों है :

प्राचीन काल में जबकि मनुष्य की आयु दस सहस्र वर्ष होती थी, जंबू द्वीप में दशरथ नाम का एक राजा राज्य करता था। उसकी प्रधान महिषी के राम नामक एक पुत्र उत्पन्न हुआ। दूसरी रानी के भी एक पुत्र उत्पन्न हुआ जिसका नाम रामण (लोमन-लक्ष्मण) था। राम में नारायणीय शक्ति थी। तीसरी रानी से भरत और चौथी से शत्रुघ्न उत्पन्न हुए।

तीसरी रानी पर राजा का अत्यधिक प्रेम था। एक दिन राजा ने कहा–'तुम्हारी किसी भी इच्छा की पूर्ति के लिए मैं अपना संपूर्ण धन और कोष देने में संकोच नहीं करूंगा।' रानी ने उत्तर दिया–'मुझे इस समय कोई आवश्यकता नहीं है।' राजा बीमार पड़े। उन्होंने राम का राज्याभिषेक करवाया। राम को राजपद पर आसीन होते देखकर छोटी रानी ने ईर्ष्यावश राजा से कहा–'मैं अब आपके दिए हुए वर की

---

1. दे. चीनी तिपिटक : तैशो संस्करण, नं. 203।
   फ्रेंच अनुवाद : दे. सिल्वान लेवी, एल्वस केर्न, पृ. 279 आदि।
   अंग्रेजी अनुवाद : दे. चीन रामायण, सरस्वती विहार ग्रंथ माला 8।
   हिंदी अनुवाद : दे. ना. प्र. प., वर्ष 54, पृ. 286-89।

पूर्ति चाहती हूं। राम गद्दी से उतार दिए जायें और मेरे पुत्र का राज्याभिषेक हो, यही मेरी इच्छा है।' यह सुनकर राजा दुखित हुआ। राजधर्म के अनुसार वह अपने वचन को नहीं तोड़ सकता था। इस समय रामण (लक्ष्मण) ने राम से अपनी शक्ति और साहस दिखलाने की प्रार्थना की। राम ने कहा–'अपने पिता की आज्ञा भंग कर कोई भी पुत्र पितृ-भक्त नहीं कहला सकता।'

तब दशरथ ने दोनों पुत्रों को वनवास दे दिया और 12 वर्ष बाद लौटने की आज्ञा दी। भरत उस समय विदेश में थे। दशरथ की मृत्यु के पश्चात भरत लौटे। उन्हें अपनी माता के कार्यों से घृणा हो गयी। वह सेना के साथ उस पर्वत पर गये, जहां राम निवास करते थे। भरत ने राम से कहा–'मैं आपसे राजधानी लौटने और शासन का भार ग्रहण करने की प्रार्थना करता हूं।' राम ने कहा–'वनवास के लिए पिता की आज्ञा हो चुकी है। उसे तोड़ने पर मैं आज्ञाकारी पुत्र नहीं कहलाया जाऊंगा।'

तब भरत ने राम से चमड़े की खड़ाऊंएं मांगीं और अयोध्या लौट गये। खड़ाऊंओं को राजसिंहासन पर रखकर भरत शासन की देख-भाल करने लगे। प्रति दिन प्रातः और संध्या वह पादुकाओं की पूजा करते थे और उनसे आज्ञा लेते थे।

धीरे-धीरे वनवास की अवधि समाप्त हुई। राम अपने देश को लौट आये। भरत ने राम से राज्य भार ग्रहण करने की प्रार्थना की। पहले राम ने अस्वीकार किया परंतु भरत के बहुत आग्रह करने पर राम ने राज्यभार स्वीकार किया। सब लोग अपने-अपने धर्म का पालन करने लगे। सर्वत्र शांति और समृद्धि का राज्य था।

अन्य बौद्ध साहित्य

ऐसा प्रतीत होता है कि आगे चलकर बौद्धों में रामकथा की लोकप्रियता घटने लगी। **अवदान-शतक** (दूसरी श. ई.), **दिव्यावदान** (चीनी अनुवाद 265 ई.), आर्यशूर की **जातकमाला, कल्पद्रुम-अवदान,**

रत्नावदानमाला, **द्वाविंशति अवदान**, इन सबों में रामकथा संबंधी सामग्री नहीं मिलती। **लंकावतार-सूत्र** के प्रथम अध्याय में लंकापति रावण और महात्मा बुद्ध का धर्म के विषय में वार्तालाप दिया गया है, परंतु इसमें रामकथा का निर्देश भी नहीं पाया जाता है। **खोतानी रामायण** तथा श्याम के **राम-जातक** और **ब्रह्मचक्र** में बुद्ध अपने पूर्वजन्म में राम थे, ऐसा कहा जाता है लेकिन वास्तव में ये रचनाएं बौद्ध साहित्य के अंग नहीं हैं।

जैन रामकथा

(क) जैन रामकथा की सामान्य विशेषताएं

बौद्धों की भांति जैनियों ने भी रामकथा अपनायी है। अंतर यह है कि जैन कथा-ग्रंथों में हमें एक अत्यंत विस्तृत रामकथा साहित्य मिलता है। बौद्ध महात्मा बुद्ध को राम का पुनरावतार मानते हैं। इसी तरह जैनियों ने रामकथा के पात्रों को अपने धर्म में एक महत्वपूर्ण स्थान दिया है। राम (या पद्म), लक्ष्मण और रावण न केवल जैन धर्मावलंबी माने जाते हैं अपितु तीनों को जैनियों के त्रिषष्टि महापुरुषों में भी रखा गया है। इन त्रिषष्टि महापुरुषों का वर्णन इस प्रकार है : 24 तीर्थंकर (जैन धर्मोपदेशक), 12 चक्रवर्ती (भारत के 6 खंडों के सम्राट्) तथा 9 बलदेव, 9 वासुदेव और 9 प्रतिवासुदेव। इनकी जीवनियां जैन धर्म में महाभारत, रामायण तथा पुराणों का स्थान लेती हैं।

त्रिषष्टि महापुरुषों का विस्तृत वर्णन संभवतः पहले-पहल **त्रिषष्टिलक्षण-महापुराण** में मिलता है। इस रचना के दो भाग हैं, जिनसेनकृत **आदिपुराण** (नवीं श. ई.) तथा गुणभद्रकृत **उत्तरपुराण** (897 ई.), लेकिन नवीं शताब्दी से बहुत पहले इन जीवनियों की सामग्री तैयार हो चुकी थी, विशेष करके **तिलोयपण्णति** (पांचवीं श. ई.) में। पउमचरियं (चौथी श. ई.) में कहा गया है कि पद्मचरित अर्थात् रामचरित विमल सूरि के पूर्व 'नामावलियनिबद्ध' (18) था।

प्रत्येक कल्प के त्रिषष्टि महापुरुषों में से नौ बलदेव, नौ वासुदेव और नौ प्रतिवासुदेव होते हैं। ये तीनों सदैव समकालीन रहते हैं। राम, लक्ष्मण और रावण क्रमशः आठवें बलदेव, वासुदेव और प्रतिवासुदेव माने जाते हैं।[1] बलदेव (बलभद्र) और वासुदेव (नारायण) किसी राजा की भिन्न-भिन्न रानियों के पुत्र हैं। वासुदेव अपने बड़े भाई बलदेव के साथ प्रतिवासुदेव (प्रतिनारायण) से युद्ध करते हैं और अंत में प्रतिवासुदेव का वध करते हैं। इसके बाद वह दिग्विजय करके भारत के तीन खंडों पर अधिकार प्राप्त करते हैं और इस प्रकार अर्द्धचक्रवर्ती बन जाते हैं। मरने पर वासुदेव को प्रतिवासुदेव वध के कारण नरक जाना पड़ता है। नौ वासुदेवों में लक्ष्मण और कृष्ण विशेष रूप से उल्लेखनीय हैं। बलदेव अपने भाई की मृत्यु के कारण शोकाकुल होकर जैन दीक्षा लेकर मोक्ष प्राप्त करते हैं (जैसे राम और बलराम)। प्रतिवासुदेव सदैव वासुदेव का विरोध करते हैं तथा वासुदेव के चक्र से मारे जाते हैं (जैसे रावण और जरासंध)।

जैन रामकथा की एक दूसरी विशेषता यह है कि इसमें वानर और राक्षस दोनों विद्याधर-वंश की भिन्न-भिन्न शाखाएं माने जाते हैं।[2] प्राचीन बौद्ध-गाथाओं (दे. जातक 510, 436) तथा **महाभारत** के कई स्थलों पर विद्याधर का अर्थ है (आकाशगामी तथा कामरूपी) ऐंद्रजालिक। आलौकिक शक्ति से विभूषित माने जाने के कारण **कथासरित्सागर** (अतः **वृहत्कथा** में भी), **रामायण**[3] तथा **महाभारत**

1. दे. एम्. विंटरनित्स : हि. ई. लि., भाग 1, पृष्ठ 497। एच वान् ग्लाजनैप : डेर जैनिजमुस, बर्लिन, 1925, पृ. 247। हरिसत्य भट्टाचार्य : नारायण, प्रतिनारायण एंड बलभद्र, दि जैन एन्टीक्वेरी, भाग 8, पृ. 36।
2. एच. लुडर्स : जर्मन ओरियेण्टल सोसाइटी जर्नल, भाग 9.3 (1939), पृष्ठ 89 आदि।

   एच. याकोबी : इनसाइक्लोपीडिया ऑफ रिलिजन एंड एथिक्स : ब्राह्मनिज्म।
   ए. चक्रवर्ती : दि जैन गज़ेट, भाग 22 (1926), पृ. 117।
3. निम्नलिखित स्थलों पर विद्याधरों का उल्लेख है :

   1, 17, 5, 22, 24; 2, 94, 12; 4, 67, 45; 5, 1, 22. 19. 169; 5, 12, 20; 5, 56, 46. 48; 6, 69, 68; 6, 71, 65; 7, 26, 8 ।

(दे. 1, 51, 9) में विद्याधर देवयोनियों के अंतर्गत रखे गये हैं। फिर भी **रामायण** और **महाभारत** में वे किसी भी कथा में कोई महत्वपूर्ण भाग नहीं लेते। **कथासरित्सागर** तथा जैन कथा-साहित्य में इनका बहुत उल्लेख होता है। विद्याधरों की उत्पत्ति जैन-ग्रंथों के अनुसार इस प्रकार है–श्री ऋषभ (जैन-धर्म-संस्थापक) ने तपस्या करने के उद्देश्य से अपने सौ पुत्रों में से भरत को ही अपना राज्य सौंपा था और दीक्षा ली थी। बाद में नमि और विनमि उनके पास पहुंचे और राज्यलक्ष्मी मांगने लगे। उनको विविध विद्याएं मिल गयीं तथा वैताढ्य (रविषेण के अनुसार विजयार्ध) पर्वत पर, अर्थात् विन्ध्य प्रदेश में अपना राज्य स्थापित करने का परामर्श दिया गया। ये दो राजकुमार विद्याधरों के पूर्वज हैं (दे. पउमचरियं, पर्व 3)। जैनियों के अनुसार विद्याधर मनुष्य ही माने जाते हैं। उन्हें कामरूपत्व, आकाशगामिनी आदि अनेक विद्याएं सिद्ध होती हैं। इससे उनका नाम विद्याधर पड़ा। वानर-वंशी विद्याधरों की ध्वजाओं, महलों और छतों के शिखर पर वानरों के चिन्ह विद्यमान थे, अतः वे वानर कहलाये (दे. पउमचरियं, 6, 89)।

जैन रामकथा की एक तीसरी विशेषता यह है कि उसमें प्रारंभ से ही उन लौकिक ग्रंथों का उल्लेख मिलता है, जिनमें राम का शिकार करना, रावण आदि का मांसाहारी होना, कुंभकर्ण की छः महीने की निद्रा, रावण के राक्षस तथा सुग्रीव के वानर होने आदि की असत्य कथाएं पाई जाती हैं। इससे स्पष्ट है कि जैन रामकथा **वाल्मीकि रामायण** के बाद उत्पन्न हुई है। जैन रामकथा के दो भिन्न रूप प्रचलित हैं। श्वेतांबर संप्रदाय में तो केवल विमल सूरि की रामकथा का प्रचार है, लेकिन दिगंबर संप्रदाय में इसके दो रूप मिलते हैं, अर्थात् विमल सूरि तथा गुणभद्र दोनों की रामकथा प्रचलित है, यद्यपि विमल सूरि की परंपरा को अधिक महत्व मिला है। इन दो रूपों का अलग-अलग परिचय नीचे दिया जाता है।

(ख) विमल सूरि की परंपरा

विमल सूरि ने **पउमचरियं** लिखकर पहले-पहल लोकप्रिय रामकथा को जैन धर्म के सांचे में ढालने का प्रयत्न किया है।[1] कवि का कहना है कि यह पद्मचरित आचार्यों की परंपरा से चला आ रहा था, नामावलीबद्ध था (1, 8) और साधु-परंपरा (साहुपरंपराएं; 118, 102) द्वारा लोकप्रसिद्ध हो गया था। इसका अर्थ यह हो सकता है कि रामचरित केवल नामावली के रूप में रहा होगा अर्थात् 'उसमें कथा के प्रधान-प्रधान पात्रों, उनके माता-पिताओं, स्थानों और भवांतरों आदि के नाम ही होंगे। वह पल्लवित कथा के रूप में न होगा और उसी की विमल सूरि ने विस्तृत चरित के रूप में रचना की होगी' (नाथूराम प्रेमी, जैन साहित्य और इतिहास, पृ. 280)। फिर भी कवि का कहना है कि नारायण और बलदेव की कथा पूर्वगत (**पुव्वगये**; 118, 118) में वर्णित थी और मैंने वही कथा अपने गुरु से सुनी थी। वह पूर्वगत आजकल अप्राप्य है।

विमल सूरि का काल असंदिग्ध नहीं है। जैन परंपरा के अनुसार (पउमचरियं 118, 103) **पउमचरियं** 72 ई. की है, लेकिन भाषा के आधार पर डॉ. याकोबी आदि विद्वान् **पउमचरियं** को तीसरी अथवा चौथी शताब्दी ई. की रचना मानते हैं।[2] यह ग्रंथ शुद्ध जैन महाराष्ट्री में लिखा है। इसका संस्कृत रूपांतर रविषेणचार्य ने 660 ई. में किया है, जो **पद्मचरित**[3] के नाम से प्रसिद्ध है। हिंदी खड़ी बोली के इतिहास में इस पद्मचरित का महत्वपूर्ण स्थान है, क्योंकि सं. 1818 में दौलतराम ने इसका भाषा में अनुवाद किया था।

रविषेण ने मौलिकता का किंचित् भी प्रदर्शन नहीं किया है। उनकी समस्त रचना **पउमचरियं** का पल्लवित छायानुवाद मात्र प्रतीत

---

1. पउमचरियं, भवनगर, 1914। एच. याकोबी का संस्करण।
2. एच. याकोबी : इन. रि. ए., भाग 7 और माडर्न रिव्यू, 1914, दिसंबर। ए. कीथ : हिस्टरी सं. लि., पृ. 34। ए. सी. वूलनर : इंट्रोडक्शन टु प्राकृत।
3. दे. मानिक चन्द्र जैन ग्रंथमाला, नं. 29-31; पद्मचरित्; बंबई, वि. सं. 1985।

होती है। दोनों रचनाओं का कथानक एक ही है। आगे चलकर जैन कवियों ने रविषेण का अनुकरण किया है, उनकी रचनाओं में प्रायः कथानक का कोई भी महत्वपूर्ण परिवर्तन दृष्टिगोचर नहीं है। विमल सूरि तथा रविषेण की रामकथा-पंरपरा की मुख्य रचनाएं निम्नलिखित तालिका में दी जाती हैं। इस विस्तृत साहित्य से जैनियों में रामकथा की लोकप्रियता का अनुमान किया जा सकता है। संघदासकृत **वासुदेवहिण्डि** में जो संक्षिप्त रामकथा मिलती है, वह विमल सूरि की अपेक्षा वाल्मीकि के अधिक निकट है।

(1) प्राकृत–

(1) विमलसूरिकृत **पउमचरियं** (तीसरी-चौथी श. ई.)।

(2) शीलाचार्यकृत चउमन्नमहापुरिसचरिय के अंतर्गत **रामलक्खणचरियम** (नवीं श. ई.)। यह रामकथा विमल सूरि की परंपरा के अनुसार होते हुए भी वाल्मीकीय कथा से प्रभावित है।

(3) भद्रेश्वरकृत कहावली (11वीं श. ई.) के अंतर्गत **रामायणम्।**

(4) भुवनतुङ्ग सूरि कृत **सीयाचरियं** तथा **रामलक्खणचिरयं।**

(2) संस्कृत–

(1) रविषेणकृत **पद्मचरित** (678 ई.)। प्राचीनतम जैन संस्कृत गंथ।

(2) हेमचंद्रकृत त्रिषष्टिशलाकापुरुषचरित (12वीं श. ई.) के अंतर्गत **जैन रामायण**। कलकत्ता, सं. 1930।

(3) हेमचंद्रकृत योगशास्त्र की टीका के अंतर्गत **सीतारावण-कथानकम्।**

(4) जिनदासकृत **रामायण** अथवा **रामदेव पुराण** (15वीं श.ई.)। दे. एम. विंटरनित्स; हि. ई. लि., भाग 2, पृ. 496।

(5) पद्मदेवविजयगणिकृत **रामचरित** (16वीं श. ई.)। दे. राजेंद्र लाल मित्र : नोरिसस संस्कृत मैन्युस्क्रिप्ट्स, भाग 10, पृ. 134 और भंडारकर; रिपोर्ट 1882-83, पृ. 82।

(6) सोमसेनकृत **रामचरित** (16वीं. श.ई.); हस्तलिपि जैन सिद्धांत भवन, आरा में सुरक्षित है।
(7) आचार्य सोमप्रभकृत **लघुत्रिषष्टिशलाकापुरुषचरित**।
(8) मेघविजयगणिवरकृत **लघुत्रिषष्टिशलाकापुरुषचरित** (17वीं श. ई.)।

इन रचनाओं के अतिरिक्त जिनरत्नकोष में धर्मकीर्त्ति, चन्द्रकीर्त्ति, चन्द्रसागर, श्रीचन्द्र, पद्मनाम आदि द्वारा रचित विभिन्न **पद्मपुराण** अथवा **रामचरित्र** नामक ग्रंथों का उल्लेख है। **सीताचरित्र** के तीन रचयिताओं के नाम मिलते हैं–ब्रह्मनेमिदत्त, शांतिसूरि तथा अमरदास। अधिकांश सामग्री अप्रकाशित है।

दसवीं शताब्दी के हरिषेणकृत **कथाकोष** में **रामायणकथानकम्** (न. 84) तथा **सीताकथानकम्** (नं. 89) पाया जाता है। इस अंतिम रचना में विमल सूरि के अनुसार सीता की अग्निपरीक्षा वर्णित है, लेकिन **रामायणकथानकम्** (57 श्लोक) अधिकांश में वाल्मीकीय कथा पर निर्भर है। रामचन्द्र मुमुक्षुकृत **पुण्याश्रवकथाकोष** (1331 ई.; हिंदी अनुवाद, निर्णसागर प्रेस, 1907 ई.) में जो लव-कुश की कथा मिलती है, वह भी विमल सूरि की परंपरा पर निर्भर है। हरिभद्रकृत **धूर्त्ताख्यानम्** (8वीं श. ई.) तथा अमितगतिकृत **धर्मपरीक्षा** (11वीं. श. ई.) में वाल्मीकि रामायण में वर्णित हनुमान के समुद्रलंघन जैसी घटनाओं को असंभव और हास्यास्पद बताया गया है। धनेश्वरकृत **शत्रुंजय माहात्म्य** के नवें सर्ग में रामकथा विमल सूरि के अनुसार है, किंतु कैकेयी राम और लक्ष्मण दोनों के वनवास का वर मांग लेती है (14वीं श. ई.)।

(3) अपभ्रंश–

(1) स्वयंभूदेवकृत **पउमचरिउ** अथवा **रामायणपुराण** (8वीं श. ई.)। भारतीय विद्या भवन, बंबई, सं. 2009।
(2) रइधू अथवा रयधू **पद्मपुराण** अथवा बलभद्रपुराण (15वीं श. ई.)। दे. हरिवंश कोछड़, अपभ्रंश साहित्य, पृ. 116 तथा रामसिंह तोमर, प्राकृत और अपभ्रंश साहित्य, पृ. 154।

(4) **कन्नड़–**

(1) नागचन्द्र (अभिनव पंप) कृत **पंपरामायण** या **रामचन्द्र-चरित पुराणस** (11वीं श. ई.)। यह रचना कन्नड़ भाषा के कई रामचरित संबंधी ग्रंथों का आधार है (दे. इ. हि. क्वा., भाग 25, पृ. 574-94)।

(2) कुमदेन्दुकृत **रामायण** (16वीं श. ई.)।

(3) देवप्पकृत **रामविजयचरित** (16वीं श. ई.)।

(4) देवचंद्रकृत **रामकथावतार** (18वीं श. ई.)।

(5) चन्द्रसागर वर्णीकृत **जिनरामायण** (19वीं श. ई.)।

विमल सूरि की कथा तथा वाल्मीकि रामायण की तुलना करने पर स्पष्ट हो जाता है कि मुख्य कथावस्तु की दृष्टि से दोनों में कोई महत्वपूर्ण अंतर नहीं है। विमल सूरि ने राम को उपम (पद्म) कहा और तदनुसार अपनी रचना का नाम पउमचरियं (पद्मचरित) रखा है। जैन साहित्य में कृष्ण के भाई बलराम को भी राम कहा जाता था। संभवतः विमल सूरि ने इसलिए राम का नाम बदल दिया। यद्यपि वह उन्हें राम, राहव (राघव), रामदेव आदि भी कहते हैं। पद्म नाम का कारण यह है कि अपराजिता ने **'पउमसरिसमुहं'** (25, 7) पुत्र को उत्पन्न किया और दशरथ ने **'पउमुप्पलदलच्छो'** (पद्मकमल दल नेत्र वाले; 25,8) पुत्र को देखकर उसका नाम 'पउम' रखा। समस्त कथानक को छह भागों में विभक्त कर पउमचरियं का सार नीचे दिया गया है।

रावण-चरित (पर्व 1-20)

राजा सेणिय (श्रेणिक) किसी दिन महावीर के प्रधान शिष्य गोयम (गौतम) से रामकथा का यथार्थ रूप जानने की इच्छा प्रकट करता है। इस पर गोयम पउमचरियं सुनाता है। प्रारंभ में विद्याधर लोक, राक्षसवंश तथा वानरवंश का वर्णन दिया जाता है।[1]

1. ऊपर इसका उल्लेख हो चुका है कि राक्षस तथा वानर, दोनों विद्याधर-वंश की भिन्न-भिन्न शाखाएं हैं।

रावणचरित वाल्मीकि के उत्तरकाण्ड से संबंध रखते हुए भी पर्याप्त मात्रा में भिन्न है। राक्षस-राजा रत्नश्रवा तथा केकसी की चार संतान हैं–दशमुख (रावण), भानुकर्ण (कुंभकर्ण), चन्द्रनखा (सूर्पणखा) और विभीषण। जब रत्नश्रवा ने पहले-पहल अपने पुत्र को देखा था, तब शिशु माला पहले हुए था; इस माला में पिता को बालक के दश सिर दिखाई पड़े और इसीलिए शिशु का नाम दशमुख रखा गया (दे. 7, 96)। अपने मौसरे भाई वैश्रमण (वैश्रवण) का विभव देखकर दशमुख अपने भाइयों के साथ तप करने जाता है तथा विभिन्न विद्याएं प्राप्त कर लेता है। अनंतर मंदोदरी तथा अन्य 6000 विद्याधर-कन्याओं के साथ रावण के विवाह का वर्णन किया गया है। बाद में रावण वैश्रमण तथा यम को परास्त करता है और पुष्पक प्राप्त कर लंका में प्रवेश करता है (पर्व 8)।

रावण-बालि संघर्ष का वृत्तांत इस प्रकार है। रावण बालि के पास दूत भेजकर उसकी बहन श्रीप्रभा को पत्नीस्वरूप मांगता है तथा बालि को आकर प्रणाम करने का आदेश देता है। बालि जिनवरेंद्र को छोड़कर किसी को प्रणाम करने से इनकार करता है और अपने भाई सुग्रीव को राज्य देकर जैन दीक्षा लेने जाता है (पर्व 9)। सुग्रीव रावण को प्रणाम करता है तथा श्रीप्रभा का रावण के साथ विवाह संपन्न हो जाता है। बाद में बालि द्वारा रावण की पराजय के वृत्तांत को सर्वथा नवीन रूप दिया गया है, जिसमें बालि रामायणीय कथा के शिव का स्थान लेकर रावण द्वारा उठाये हुए पर्वत को अपने पैर के अंगूठे से दबा देता है।

रावण की बहुत सी विजय-यात्राओं का वर्णन किया गया है, जिनमें वह सहस्रकिरण, नलकूबर, इन्द्र, वरुण आदि को परास्त करता है। ध्यान देने योग्य है कि यम, इन्द्र, वरुण आदि देवता न होकर साधारण राजा माने जाते हैं। खरदूषण किसी विद्याधर वंश का राजकुमार है, जो रावण की बहन चन्द्रनखा से विवाह करता है।

आगे चलकर उनकी पुत्री अनंगकुसुमा तथा उनके पुत्र शंबूक का उल्लेख होगा।

रावण का चरित्र-चित्रण वाल्मीकि रामायण से बहुत भिन्न है–वह एक धर्मभीरु जैनी है, जो जिन-मंदिरों का जीर्णोद्धार करता है तथा ऐसे यज्ञों पर रोक लगाता है, जिनमें पशुओं को मारा जाता है (पर्व 11)। वह नलकूबर की पत्नी उपरंभा का प्रेम प्रस्ताव अस्वीकार करता है (पर्व 12) तथा अनंतवीर्य का धर्मोपदेश सुनकर व्रत लेता है कि वह विरक्त परनारी के साथ रमण नहीं करेगा (दे. आगे अनु. 542)।

हनुमच्चरित का पर्याप्त विस्तार के साथ वर्णन किया गया है। वह पवंजय तथा अंजना सुंदरी के पुत्र हैं। वरुण के विरुद्ध रावण की सहायता करते हैं तथा चन्द्रनखा की पुत्री अनंगकुसुमा को पत्नी के रूप में प्राप्त कर लेते हैं, इसके अतिरिक्त वे और बहुत से विवाह करते हैं।

रावण-चरित के अंत में जिनवरों, तीर्थंकरों, बलदेवों, वासुदेवों और प्रतिवासुदेवों की नामावलियां दी गई हैं (दे. पर्व 20)।

राम और सीता का जन्म और विवाह (पर्व 21-32)

रामायण की आधिकारिक कथावस्तु का वर्णन जनक तथा दशरथ की वंशावली से प्रारंभ होता है (पर्व 21-22)। दशरथ के अपराजिता तथा सुमित्रा के साथ विवाह के उल्लेख के अनंतर निम्नलिखित कथा मिलती है।

किसी दिन नारद ने दशरथ के पास पहुंचकर समाचार दिया कि विभीषण उनको इसीलिए मारना चाहता है कि एक नैमित्तिक ने कहा है–'सागर के मार्ग से आकर दशरथ का पुत्र जनक की पुत्री सीता के कारण रावण को युद्ध में मारेगा।' इसके बाद नारद ने जनक को भी सावधान किया। दोनों राजा अपना-अपना राज्य छोड़ कर पृथ्वी पर भ्रमण करने लगे। मंत्रियों ने दशरथ तथा जनक के

प्रतिरूप बनवाकर उन्हें उनके-उनके महल में रखवा दिया। बाद में विभीषण ने दशरथ की मूर्ति का सिर कटवाया (पर्व 23)।[1] परेदश में दशरथ तथा जनक कैकेयी के स्वयंवर में पहुंचे, स्वयंवरा ने दशरथ के गले में माला डाल दी। इस पर अन्य राजाओं के साथ युद्ध हुआ, जिसमें कैकेयी ने बड़े कौशल से दशरथ का रथ हांका। विवाह संपन्न होने के पश्चात् दोनों राजा अपनी-अपनी राजधानी लौटे। घर पहुंचकर दशरथ ने कैकेयी को एक वर दिया किंतु कैकेयी ने कहा—अवसर आने पर मांग लूंगी। दशरथ की संतति इस प्रकार बताई जाती है—राम अथवा पद्म अपराजिता (कौशल्या) से जन्म लेते हैं, लक्ष्मण सुमित्रा से और भरत तथा शत्रुघ्न, दोनों ही कैकेयी से (रविषेण के अनुसार शत्रुघ्न सुप्रभा नामक दशरथ की एक चतुर्थ महिषी के पुत्र हैं, जैन लेखक प्रायः रविषेण का अनुसरण करते हैं)।

राजा जनक की विदेहा नामक महारानी के एक पुत्री सीता और एक पुत्र भामंडल उत्पन्न हुआ। राम म्लेच्छों के विरुद्ध जनक की सहायता करते हैं, जिसके फलस्वरूप राम तथा सीता का वाग्दान हुआ; बाद में सीता-स्वयंवर के अवसर पर राम ने धनुष चढ़ाया और राम-सीता का विवाह संपन्न हुआ। इसके बाद दशरथ को वैराग्य हुआ। उस समय कैकेयी ने अपने वर के बल पर भरत के लिए राज्य मांग लिया। यह सुनकर राम, लक्ष्मण और सीता दक्षिण की ओर चले जाते हैं। पश्चात्तापिनी कैकेयी के अनुरोध पर भरत वन में जाकर राम से राज्य को स्वीकार करने का अनुरोध करते हैं। राम के इनकार करने पर वह अयोध्या लौटकर स्वयं राज्य-भार ग्रहण करते हैं, बाद में भरत किसी मुनि के समक्ष यह प्रतिज्ञा करते हैं कि राम के प्रत्यागमन पर मैं दीक्षा ग्रहण करूंगा।

---

1. रविषेण के अनुसार विभीषण दशरथ तथा जनक, दोनों की मूर्तियों का सिर कटवाता है (दे. पर्व 23, 56)।

वनभ्रमण (पर्व 33-42)

यद्यपि पर्व 33 के प्रारंभ में चित्रकूट का उल्लेख है, फिर भी पउमचरियं का यह अंश वाल्मीकीय वृत्तांत से नितांत भिन्न है। इसमें राम अथवा लक्ष्मण द्वारा निम्नलिखित राजाओं की पराजय का वर्णन मिलता है—वज्रकर्ण के विरोधी सिंहोदर (पर्व 33); म्लेच्छों का राजा, जिसने कल्याणमालिनी के पिता को कारावास में रखा था (34); भरत के विरोधी अतिवीर्य (37)। कई अवसरों पर लक्ष्मण को कन्याएं विवाह में दी जाती हैं, वह सबों को स्वीकार कर कहते हैं कि लौटते समय उन्हें ले जाऊंगा। इस प्रकार वज्रकर्ण 8 कन्याओं को तथा सिंहोदर आदि राजा 300 कन्याओं को प्रदान करते हैं। इनके अतिरिक्त लक्ष्मण वनमाला, रतिमाला तथा जितपद्म को भी प्राप्त कर लेते हैं।

कपिल नामक ब्राह्मण (पर्व 35) और देवभूषण तथा पद्मभूषण नामक मुनियों (पर्व 39) से भी भेंट का वर्णन किया गया है। राम की आज्ञा से राजा सुरप्रभ ने वंश पर्वत पर बहुत से मंदिर बनवाये, जिससे इसका नाम रामगिरि रखा गया (पर्व 40)। **दण्डकारण्य** में प्रवेश करने के पश्चात् एक मुनिवर ने सीता से निवेदन किया कि वह जटायु की रक्षा करें।

सीता-हरण और खोज (पर्व 43-53)।

सीताहरण का कारण विमल सूरि के अनुसार इस प्रकार है—शंबूक ने (चन्द्रनखा तथा खरदूषण का पुत्र) सूर्यहास खंग की सिद्धि के लिए 12 वर्ष तक साधना की थी। उसकी साधना सफल हुई और खंग प्रकट हुआ। लक्ष्मण संयोग से वहां पहुंचते हैं। खंग को देखकर वह उसे उठाते हैं और पास के बांस को काट कर शंबूक का सिर भी काट लेते हैं। चन्द्रनखा अपने मृत पुत्र को देखकर विलाप करते-करते वन में फिरने लगती है। राम और लक्ष्मण के पास पहुंचकर वह उनसे उनकी पत्नी बनने का प्रस्ताव करती है। असफल होकर वह पति के

पास लौट कर अपने पुत्र के वध का समाचार सुनाती है। रावण को भी सूचना भेजी जाती है। इतने में लक्ष्मण अकेले ही खरदूषण की सेना को रोक लेते हैं। रावण पहुंचकर और सीता को देखकर उन पर आसक्त हो जाता है। वह अवलोकनी विद्या से जानता है कि लक्ष्मण ने राम को बुलाने के लिए उन्हें सिंहनाद का संकेत बताया है। अतः वह सिंहनाद करके और इस प्रकार राम को लक्ष्मण के पास भेज कर सीता का हरण करने में सफल होता है।

सीता-हरण के बाद राम और सुग्रीव के सख्य का वर्णन किया जाता है। सुग्रीव की विपत्ति वाल्मीकीय रामायण के वृत्तांत से भिन्न है। साहसगति ने सुग्रीव का रूप धारण कर उसकी पत्नी और राज्य को छीन लिया था। राम साहसगति को मारकर सुग्रीव को उसका राज्य लौटाते हैं। सुग्रीव राम के प्रति अपनी 13 कन्याओं को समर्पित करते हैं; किंतु सीता के वियोग में दुःखित राम को उनकी संगति में सुख नहीं मिलता। सुग्रीव की आज्ञा से विद्याधर सीता की खोज करने जाते हैं। खोजते हुए सुग्रीव रत्नजटी से सुनता है कि रावण ने सीता का हरण किया है। यह सुनकर सब विद्याधर रावण से डर कर युद्ध करने से इनकार करते हैं। तब उनको अनंतवीर्य का वह कथन स्मरण आता है, जिसमें उसने रावण से कहा था कि जो कोटि-शिला उठा सकेगा, उससे तेरी मृत्यु होगी। अतः विमान पर चढ़कर सब वहां जाते हैं और लक्ष्मण कोटि-शिला उठाते हैं। लेकिन विद्याधर अब भी रावण से डरते हैं और हनुमान को रावण के पास भेजने की सलाह देते हैं ताकि वह विभीषण की सहायता से रावण को समझायें। हनुमान इस यात्रा में अपने नाना महेंद्र को परास्त करते हैं (क्योंकि महेन्द्र ने उसकी माता अंजना को अपने घर से निकाला था) और दधिमुख नगर के राजा की तीन कन्याओं से भेंट करते हैं, जिनका विवाह साहसगति को मारने वाले से निश्चित हुआ। लंका के पास पहुंचकर वह विभीषण द्वारा निर्मित प्राचीर पार कर पहले वज्रमुख का वध करते

हैं और अनंतर उसकी कन्या लंकासुंदरी को परास्त कर उसके साथ रात भर क्रीड़ा करते हैं। तब वह लंका में प्रवेश कर विभीषण तथा सीता से मिलते हैं। बाद में वह लंका में उद्यानों तथा महलों का विध्वंस करने लगते हैं और इन्द्रजित् द्वारा बांधे जाकर रावण के सामने उपस्थित किए जाते हैं। वह रावण को धमकाकर अपने बन्धनों को तोड़ते हैं और रावण का महल ध्वस्त करके सीता का संदेश राम के पास ले जाते हैं।

युद्ध (पर्व 54-77)

वाल्मीकीय वृत्तांत को दृष्टि में रखकर युद्धकाण्ड की घटनाओं के वर्णन में निम्नलिखित परिवर्तन उन्नेखनीय हैं :

(1) सेतुबन्ध के स्थान पर समुद्र नामक राजा की कथा दी गई है—वह वानरों की सेना रोक लेता है तथा नल द्वारा पराजित होकर लक्ष्मण को अपनी चार कन्याओं को समर्पित करता है (पर्व 54)।

(2) विभीषण के अनुरोध करने पर कि सीता को लौटाया जाय, रावण ने उसे नगर से निकालने का आदेश दिया। इस पर विभीषण ने अपनी समस्त सेना के साथ हंसद्वीप में राम की शरण ली। उसी समय सीता के भाई भामण्डल भी युद्ध में भाग लेने के लिए राम के पास आ पहुंचे (पर्व 55)।

(3) राम और लक्ष्मण के स्थान पर सुग्रीव और भामण्डल इन्द्रजित् के नागपाश में बांधे गये तथा गरुड़केतु लक्ष्मण द्वारा मुक्त हुए (पर्व 60)।

(4) लक्ष्मण को रावण की शक्ति लगने पर द्रोणमेघ की कन्या विशल्या उनकी चिकित्सा करती है और अनंतर लक्ष्मण तथा विशल्या का विवाह संपन्न हो जाता है। दोनों के पूर्वजन्म की कथा भी वर्णित है, जिसके अनुसार वे पहले पुनर्वसु तथा अनंगशरा थे (पर्व 61-64)।

(5) रावण सामंत नामक दूत को भेजकर संधि का प्रस्ताव करता है। रावण राम को अपने राज्य का एक अंश तथा 3000 कन्याओं को इस शर्त पर देने को तैयार है कि वह सीता को त्याग दें और कुंभकर्ण, इन्द्रजित् तथा मेघवाहन को मुक्त कर दें (पर्व 65)।

(6) रावण बहुरूपा नामक विद्या को सिद्ध करने के लिए शांतिनाथ के मंदिर में साधना करने जाता है। वानर सैनिकों के द्वारा ध्यान भंग किए जाने के निष्फल प्रयत्न के बाद रावण अपनी साधना में सफलता प्राप्त करता है (पर्व 66-68)।

(7) बहुरूपा विद्या सिद्ध करने के पश्चात् रावण फिर सीता से मिलने गया तथा उसने धमकी दी कि अब राम का वध करके मैं तुम्हारे साथ अवश्य ही रमण करूंगा। सीता ने उत्तर दिया कि मेरा जीवन राम के जीवन पर अवलंबित है और वह मूर्च्छा खाकर पृथ्वी पर गिर गयीं। राम के प्रति सीता का अटल प्रेम देखकर रावण पछताने लगा और उसने संग्राम में राम तथा लक्ष्मण को हराकर उन्हें सीता को लौटाने का संकल्प किया (पर्व 69)।

(8) लक्ष्मण (नारायण) ही रावण (प्रतिनारायण) का वध करते हैं (पर्व 73)।

(9) कुंभकर्ण तथा रावण के पुत्र इन्द्रजित् तथा मेघवाहन, जो युद्ध में कैदी हो गये थे, रावण-वध के पश्चात् मुक्त किए जाते हैं। वे विरक्त होकर तपस्या करने जाते हैं। मन्दोदरी, चन्द्रनखा आदि 8000 युवतियां भी महल को छोड़कर साधना का जीवन अपनाती हैं (पर्व 75)।

(10) लंका में प्रवेश कर राम सर्वप्रथम सीता से मिलने जाते हैं। देवता दोनों का मिलन देखकर पुष्पवृष्टि करते हैं तथा सीता के निर्मल चरित्र का साक्ष्य देते हैं; राम के किसी

सन्देह अथवा सीता की अग्निपरीक्षा की ओर संकेत मात्र भी नहीं मिलता (पर्व 76)।

(11) राम-लक्ष्मण अब रावण के महल में ठहरते हैं तथा उन कन्याओं को बुला भेजते हैं, जिनके साथ उनकी मंगनी हो चुकी है। लंका में ही उनके साथ विवाह संपन्न हो जाता है। इसके बाद राम-लक्ष्मण के छः वर्ष तक लंका में निवास करने का उल्लेख किया गया है (पर्व 77)।

उत्तरचरित (पर्व 78-118)

नारद लंका में राम के पास पहुंचकर पुत्र-वियोग के कारण दुःखित अपराजिता की दशा का वर्णन करते हैं, जिससे राम तथा लक्ष्मण साकेत लौटने का निश्चय करते हैं (पर्व 78)। उनके आगमन के पश्चात् भरत को वैराग्य हुआ; वे दीक्षा लेकर निर्वाण प्राप्त करते हैं (पर्व 80-84)। अनंतर लक्ष्मण के राज्याभिषेक तथा विद्याधर राजाओं पर विजय का वर्णन किया गया है। लक्ष्मण की 16000 पत्नियां (जिनमें से विशल्या आदि 8 पटरानियां हैं) तथा राम की 8000 पत्नियां बताई जाती हैं, जिनमें से सीता, प्रभावती, रतिनिभा तथा श्रीदामा प्रधान हैं (पर्व 85-89)। सीता-त्याग की कथा वाल्मीकि से बहुत भिन्न नहीं है। सीता के पुत्रों के नाम लवण (अथवा अनंग-लवण) तथा अंकुश (अथवा मदनांकुश) माने गये हैं (पर्व 97)। वे नारद के भड़काने पर अयोध्या में राम और लक्ष्मण से युद्ध करने आते हैं। इस युद्ध के बाद सुग्रीव, हनुमान, विभीषण आदि के अनुरोध पर राम सीता को बुला भेजते हैं, किंतु वह सीता से सतीत्व का प्रमाण चाहते हैं। सीता अग्नि-परीक्षा में सफल होकर दीक्षा लेती हैं और स्वर्ग में इन्द्र बन जाती हैं।

रामकथा का निर्वहण इस प्रकार है। किसी दिन दो देवता बलभद्र (राम) और नारायण (लक्ष्मण) का स्नेह परखने के लिए लक्ष्मण को विश्वास दिलाते हैं कि राम का देहांत हुआ है। इस पर

लक्ष्मण शोकातुर होकर मरते हैं और नरक जाते हैं। लक्ष्मण की अन्त्येष्टि के पश्चात् राम विरक्त होकर दीक्षा लेते हैं और 17000 वर्ष तक साधना करके निर्वाण प्राप्त करते हैं। अंत में लक्ष्मण, रावण तथा सीता के संबंध में कहा जाता है कि उनको भी अनेक बार जन्म लेने के बाद मुक्ति मिल जायगी (पर्व 110-118)।

परवर्ती जैन रामकथाओं का सबसे महत्वपूर्ण परिवर्तन यह है कि हरिभद्रकृत **उपदेशपद**, भद्रेश्वरकृत **कहावली,** हेमचन्द्रकृत **जैनरामायण** तथा देवविजयगणिकृत **रामचरित** में रावण का चित्र सीता के परित्याग का कारण माना गया है। हेमचन्द्रकृत **सीता-रावण कथानकम्** में कैकेयी अपने एक दूसरे वर के बल पर राम-लक्ष्मण सीता के लिए 14 वर्ष तक बनवास मांग लेती है। हेमचन्द्र की इस रामकथा में उत्तरचरित का अभाव है।

(ग) गुणभद्र की परंपरा

जैन रामकथा का दूसरा रूप हमें पहले-पहल गुणभद्रकृत **उत्तरपुराण** में मिलता है। गुणभद्र जिनसेन के शिष्य तथा कर्नाटक प्रांत के निवासी थे। इन्होंने अपने गुरु के **आदिपुराण** के अंतिम 1620 श्लोक रचकर उसे समाप्त कर दिया और इसके बाद **उत्तरपुराण** अर्थात् त्रिषष्टिलक्षणमहापुराण का द्वितीय भाग भी लिखा है। इस उत्तरपुराण के अंतर्गत आठवें नलदेव, नारायण तथा प्रतिनारायण (अर्थात् राम-लक्ष्मण-रावण) का चरित्र 67वें तथा 68वें पर्व में 1117 श्लोकों में वर्णित है (दे. स्याद्‌वाद ग्रन्थमाला, नं. 8, इन्दौर, सं. 1975)। यह रामकथा विमल सूरि तथा वाल्मीकि के कथानक से बहुत भिन्न है, इसकी मुख्य विशेषता यह है कि इसमें सीता को रावण तथा मंदोदरी की औरस पुत्री माना गया है। सीता-जन्म का यह रूप पहले-पहल संघदास के **वासुदेवहिण्डि** में प्रस्तुत किया गया है।

गुणभद्र का आधार बहुत कुछ अज्ञात है। किंतु वह विमल सूरि तथा संघ दास की रचनाओं अथवा उनकी परंपरा से अवश्य परिचित

थे। जिनसेन अपने आदिपुराण में कवि पमरेश्वर की गद्य-कथा का उल्लेख करते हैं और उसे अपनी रचना का आधार मानते हैं। गुणभद्र जिनसेन की रचना पूरी करते हैं। अतः बहुत संभव है कि वह भी कवि परमेश्वर की कथा पर निर्भर करते हों। कवि परमेश्वर की रचना अप्राप्त है लेकिन तिब्बती रामायण तथा अन्य ग्रंथों में भी सीता मंदोदरी की पुत्री मानी जाती है। अतः रामकथा का यह रूप संभवतः जनसाधारण में प्रचलित हुआ होगा और कवि परमेश्वर या गुणभद्र ने उसे जैन-धर्म के ढांचे में ढालकर अपनी रचना में स्थान दिया होगा। श्री नाथूराम प्रेमी[1] गुणभद्र की रामकथा के आधार के विषय में यह लिखते हैं–'हमारा अनुमान है कि गुणभद्र से बहुत पहले विमल सूरि ही के समान किसी अन्य आचार्य ने भी जैनधर्म के अनुकूल सोपपत्तिक और विश्वसनीय स्वतंत्र रूप से रामकथा लिखी होगी और गुणभद्राचार्य को गुरु-परंपरा द्वारा मिली होगी।' गुणभद्र की गुरु-परंपरा के दो और नाम कन्नड़ भाषा के कवि चामुण्डराय की रचना में मिलते हैं। चामुण्डराय **त्रिषष्टिलक्षणमहापुराण** के लेखकों की निम्नलिखित सूची देते हैं–कूचि भट्टारक नन्दिमुनीश्वर, कवि परमेश्वर, जिनसेन, गुणभद्र। गुणभद्र की रामकथा अन्य जैन रचनाओं में भी ज्यों-की-त्यों मिलती है।

संस्कृत– गुणभद्रकृत **उत्तरपुराण** (नवीं श. ई)[2]
कृष्णदास कविकृत **पुण्यचन्द्रोदय पुराण** (16वीं श. ई.)
प्राकृत– पुष्पदंतकृत **महापुराण, संधियां 69-79** (10वीं श. ई.)
कन्नड– चामुण्डरायकृत **त्रिषष्टिशलाकापुरुषपुराण** (10वीं श. ई)
बंधुवर्मा का **जीवनसंबोधन** (1200 ई.)
नागाराजकृत **पुण्याश्रवकथासार** (1331 ई.)

1. दे. नाथूराम प्रेमी : जैन साहित्य और इतिहास, पृ. 282।
2. भारतीय ज्ञानपीठ काशी का संस्करण (सन् 1954)। मल्लिषेणकृत महापुराण (11वीं श. ई.) प्रकाशित नहीं है। 1300 ई. के आशाधर कृत 'त्रिषष्टिस्मृतिशास्त्रम्' (मानिकचन्द जैन ग्रंथमाला, नं. 36) में जिनसेन तथा गुणभद्र का सार मिलता है। रामकथा 81 श्लोकों में समाप्त की जाती है।

पुण्यचंद्रोदय पुराण छोड़कर उपर्युक्त रचनाओं में रामकथा के अतिरिक्त अन्य 63 महापुरुषों के चरित भी मिलते हैं। गुणभद्र की रामकथा का संक्षिप्त कथानक इस प्रकार है :

दशरथ (वाराणसी के राजा) के चार पुत्र उत्पन्न होते हैं—राम सुबाला के गर्भ से, लक्ष्मण कैकेयी के गर्भ से और बाद में जब दशरथ अपनी राजधानी को साकेतपुर स्थापित कर चुके हैं तब भरत और शत्रुघ्न, किसी अन्य रानी के गर्भ से, जिसका नाम नहीं दिया जाता है। दशानन विनमि विद्याधर वंश के पुलस्त्य का पुत्र है। किसी दिन वह अमितवेग की पुत्री मणिमती को तपस्या करते देखता है और उस पर आसक्त होकर उसकी साधना में विघ्न डालने का प्रयत्न करता है। मणिमती निदान करती है : 'मैं उसकी पुत्री होकर उसे मारूंगी।' मृत्यु के बाद वह रावण की रानी मंदोदरी के गर्भ में आती है। उसके जन्म के बाद ज्योतिषी रावण से कहते हैं कि वह आपका नाश करेगी। अतः रावण ने भयभीत होकर मारीचि को आज्ञा दी कि वह उसे कहीं छोड़ दे। कन्या को एक मंजूषा में रखकर मारीचि उसे मिथिला देश में गाड़ आता है। हल की नोक से उलझ जाने के कारण वह मंजूषा दिखलाई पड़ती है और लोगों द्वारा जनक के पास ले जाई जाती है। जनक मंजूषा को खोल कर एक कन्या को देखते हैं और उनका नाम सीता रखकर उसे पुत्री की तरह पालते हैं। बहुत समय के बाद जनक अपने यज्ञ की रक्षा के लिए राम और लक्ष्मण को बुलाते हैं। इस यज्ञ के समाप्त होने पर राम और सीता का विवाह होता है। इसके बाद राम सात अन्य कुमारियों से विवाह करते हैं और लक्ष्मण पृथ्वी देवी आदि 16 राज-कन्याओं से। दोनों दशरथ से आज्ञा लेकर वाराणसी में रहने लगते हैं।

नारद से सीता के सौंदर्य का वर्णन सुनकर रावण उसे हर लाने का संकल्प करता है। सीता का मन जांचने के लिए शूर्पणखा भेजी जाती है लेकिन सीता का सतीत्व देख कर वह रावण से यह कह कर

लौटती है कि सीमा का मन चलायमान करना असंभव है। जब राम और सीता वाराणसी के निकट चित्रकूट वाटिका में विहार करते हैं, तब मारीचि स्वर्ण मृग का रूप धारण कर राम को दूर ले जाता है। इतने में रावण राम का रूप धारण कर सीता से कहता है कि मैंने मृग को महल भेजा है और उनको पालकी पर चढ़ने की आज्ञा देता है। यह पालकी वास्तव में पुष्पक है, जो सीता को लंका ले जाता है। रावण सीता का स्पर्श नहीं करता है क्योंकि पतिव्रता के स्पर्श से उसकी आकाश गामिनी विद्या नष्ट हो जायेगी।

दशरथ को एक स्वप्न द्वारा मालूम हुआ कि रावण ने सीता का हरण किया है और वह राम के पास यह समाचार भेजते हैं। इतने में सुग्रीव और अणुमान बालि के विरुद्ध सहायता मांगने के लिए पहुंचते हैं। हनुमान लंका जाते हैं और सीता को सान्त्वना देकर लौटते हैं। इसके बाद लक्ष्मण द्वारा बालि का वध होता है और सुग्रीव अपने राज्य पर अधिकार प्राप्त करता है। सेतु-बन्ध का प्रसंग छोड़ दिया गया है; वानरों और राम की सेना विमान से लंका पहुंचाई जाती है। युद्ध के अपेक्षाकृत विस्तृत वर्णन के अंत में लक्ष्मण चक्र से रावण का सिर काटते हैं। राम परीक्षा लिए बिना सीता को स्वीकार करते हैं। इसके बाद लक्ष्मण राम के साथ 42 वर्ष तक दिग्विजय-यात्रा करते हैं और अर्द्धचक्रवर्ती बनकर अयोध्या लौटते हैं। अनंतर दोनों का सम्मिलित अभिषेक संपन्न हो जाता है। लक्ष्मण की 16000 और राम की 8000 रानियां बताई जाती हैं। कुछ वर्ष बाद राम तथा लक्ष्मण, अपने भाइयों भरत तथा शत्रुघ्न को राज्य देकर वाराणसी चले आये। सीता के विजयराम आदि आठ पुत्र उत्पन्न होते हैं (सीता-त्याग का उल्लेख नहीं मिलता)। लक्ष्मण एक असाध्य रोग से मरकर रावणवध के कारण नरक जाते हैं। राम लक्ष्मण के पुत्र पृथ्वीचन्द्र को राज-पद पर और सीता के कनिष्ठ पुत्र अजितंजय को युवराज पद पर अभिषिक्त कर सुग्रीव, अणुमान, विभीषण आदि पांच सौ राजाओं तथा 180 पुत्रों के साथ साधना करने जाते हैं; 395 वर्ष बीत जाने

पर राम को केवलज्ञान उत्पन्न हुआ। सीता भी अनेक रानियों के साथ दीक्षा लेती हैं। अंत में राम तथा अणुमान की मोक्ष प्राप्ति का उल्लेख किया गया है; सीता स्वर्ग में पहुंचती हैं तथा लक्ष्मण के संबंध में कहा जाता है कि नरक से निकल कर वह भी संयम धारण करेंगे तथा मोक्ष प्राप्त कर सकेंगे।

डॉ. कामिल बुल्के की किताब *रामकथा : उत्पत्ति और विकास* से साभार। यह आलेख हिंदी परिषद् प्रकाशन, प्रयाग द्वारा प्रकाशित उक्त ग्रंथ के अध्याय 4 एवं 5 का संयुक्त रूप है।

संकेत-चिह्न

इं.हि.क्वा.	इंडियन हिस्टोरिकल क्वार्टरली
इन.रि.ए.	इन्साइक्लोपीडिया ऑफ़ रिलिजन एंड एथिक्स
ना.प्र.प.	नागरी प्रचारिणी पत्रिका
हि.इं.ल.	हिस्ट्री ऑफ़ इंडियन लिटरेचर (विंटरनित्स)
हि.सं.लि.	हिस्ट्री ऑफ़ संस्कृत लिटरेचर (कीथ)

रामकथाएं और उनका प्रसार

–प्रभात कुमार बसंत

हरि अनन्त हरि कथा अनन्ता।
कहहिं सुनहिं बहु विधि सब संता॥

तुलसीदास की यह चौपाई सब जानते हैं, लेकिन इसके ऐतिहासिक पक्ष को हम अक्सर भूल जाते हैं। इसमें पहली बात यह कही गई है कि हरि की कथाएं अनंत हैं–मतलब यह कि यदि कोई कहे कि राम की एक ही कथा सही है और सब ग़लत है तो वह तुलसीदास को झुठला रहा है। दूसरी बात यह है कि तुलसी हरि की कथा कहने और सुनने की बात करते हैं न कि पढ़ने और लिखने की। तुलसी एक ऐसे युग का प्रतिनिधित्व करते हैं जब बिरला ही कोई पढ़ना-लिखना जानता था। किताबों के नाम पर कुछ हस्तलिखित पांडुलिपियां उपलब्ध थीं। वैसे युग में हरि की कथा के कहे और सुने जाने की ही बात हो सकती थी। जिस देश में 1950 के दशक में सिर्फ़ 14 प्रतिशत लोग शिक्षित रहे हों वहां रामकथाओं का संप्रेषण मौखिक परंपरा के माध्यम से ही हो सकता था। आज भी हमारे देश में लगभग 40 करोड़ लोग पढ़-लिख नहीं सकते। फिर भी वे राम कथाओं से परिचित हैं। मौखिक परंपराएं ही रामकथाओं को एक जीवंत परंपरा का रूप देती हैं।

मौखिक परंपराओं की एक ख़ास विशेषता होती है। जहां लेखन किसी कथा को एक ख़ास रूप में और एक निश्चित ढांचे में

बांध देता है, वहीं मौखिक परंपरा में एक खुलापन होता है। कथा तत्व में बदलते हुए समाज के साथ बदलाव आते रहते हैं। इसीलिए लिखित कथाएं लोक परंपराओं से बिल्कुल अलग हैं।

विद्वानों के बीच इस बात को लेकर काफ़ी चर्चा हुई है कि लिखित परंपरा एक होती है या अनेक। मौखिक परंपरा की विविधता पर चर्चा करने के पहले हम लिखित परंपरा की विविधता पर भी थोड़ी चर्चा कर लें। ईसाई परंपरा में बाइबिल का असली मतलब समझने के प्रयासों का एक लंबा इतिहास रहा है। मध्यकाल में कई ईसाई संत विद्वानों को इस बात पर बड़ा आश्चर्य हुआ कि कई संतों-विद्वानों में बाइबिल की व्याख्याओं को लेकर काफी मतभेद थे। उन्होंने यह सवाल उठाया कि आख़िर ये अंतर्विरोध क्यों उभरे। व्याख्याकार बड़े विद्वान थे। इसलिए उन्हें बाइबिल का सत्य साफ़-साफ़ नज़र आना चाहिए था। वे विद्वान संत भी थे। इसलिए वे जानबूझ कर बाइबिल विरोधी कोई बात नहीं लिखते। इस समस्या का जवाब निकाला स्काटस ऑफ इरीमुमेना ने। उन्होंने लिखा कि ईश्वर ने बाइबिल की रचना की। हालांकि ईसाइयों के मिथक हैं कि बाइबिल एक ही पुस्तक है–ईश्वर ने वास्तव में हर व्यक्ति के लिए एक अलग बाइबिल लिखी। इसीलिए हर व्यक्ति जब बाइबिल पढ़ता है तो उसे एक अलग मतलब नज़र आता है। बाइबिल का मतलब निकालने की इस परंपरा को आधुनिक विद्वानों ने लौकिक संदर्भों में समझने की कोशिश की है। उनका मानना है कि जब कोई पाठक एक पुस्तक पढ़ता है तो समझ बनाने की प्रक्रिया में वह लिखी बातों को अपने अनुभव संसार से जोड़ता है। हर व्यक्ति के अनुभव-संसार में कुछ समष्टिगत और कुछ व्यक्तिगत तत्व होते हैं। इसीलिए पाठकों को एक ही पुस्तक में अलग-अलग मतलब नज़र आते हैं।

पुस्तकों को समझने की इस परंपरा की नज़र से यदि हम रामकथाओं की रचना की प्रक्रिया समझें तो कई बातें स्पष्ट हो जाती

हैं। वाल्मीकि हों या विमल सूरि, कंबन हों या कृतिवास, तुलसी हों या प्रियदास–सभी अलग-अलग युगों और अलग-अलग इलाक़ों में मर्यादा पुरुषोत्तम राम के बारे में लिख रहे थे। उनकी रामकथाएं अलग-अलग समाजों की विविधताओं को समेटे हुए हैं। उनकी पुस्तकें लोकप्रिय इसीलिए हुईं कि वे राम को अपने समाज की परंपराओं के रंग में ढाले हुई थीं। राम मर्यादा पुरुषोत्तम थे लेकिन मर्यादा के बारे में जो विमर्श था, वह बदल जाता था। वाल्मीकि के राम आततायी रावण का वध करते हैं। विमल सूरि के राम जैन परंपरा की मर्यादा का प्रतिनिधित्व करते हैं। इस परंपरा में अहिंसा परम धर्म है। इसलिए राम रावण का वध नहीं करते, लक्ष्मण करते हैं। वाल्मीकि के राम द्वारा शंबूक वध ब्राह्मण मर्यादा को स्वीकार्य था। आठवीं सदी में भवभूति जब *उत्तररामचरित* लिखते हैं तो राम के 'शंबूक वध' की तुलना सीता के निर्वासन से करते हैं। निश्चय ही बदलते समय के संदर्भ में भवभूति के मन में 'शंबूक वध' को लेकर कुछ सवाल उठे होंगे। वैसे ही जैसे आज के संदर्भ में 'शंबूक वध' एक मर्यादित व्यवहार नहीं माना जाएगा।

बदलते समय और समाज का एक अच्छा उदाहरण हमें अयोध्या से राम के निर्वासन से जुड़ी कथा में मिलता है। वाल्मीकि कथा में राम जैसे ही अयोध्या से बाहर निकलते हैं, वैसे ही जंगल का इलाक़ा शुरू हो जाता है। तुलसी के राम अयोध्या से निकलने के बाद कई दिनों तक गांवों और खेतों से गुज़रते हैं। शायद तुलसीदास के समय तक जंगल अयोध्या से दूर चले गए थे। पेड़ कट चुके थे और खेती का फैलाव हुआ था। इसीलिए वाल्मीकि रामायण में नदी पार करवाने का काम निषादराज करते हैं। निषाद शब्द का प्रयोग जंगल में रहने वाले शिकारी लोगों के लिए होता था। निषादराज द्वारा नदी पार करवाना खेती वाले इलाक़े से वन प्रदेश के लिए संक्रमण का प्रतीक बन जाता है। वहीं *रामचरितमानस* में नदी पार करने का काम केवट करते हैं जो उत्तर प्रदेश के

इलाक़े में एक जाति का नाम है। वे खेतिहर समाज का हिस्सा हैं। तुलसी निषादराज को एक अलग व्यक्ति बना देते हैं।

'लक्ष्मण रेखा' का ज़िक्र वाल्मीकि रामायण में नहीं मिलता है। सीताहरण के संदर्भ में तुलसीदास भी इसका ज़िक्र नहीं करते। तुलसी 'मन्दोदरी-रावण संवाद' के संदर्भ में इसका इशारा भर करते हैं। लेकिन आज की कोई भी रामलीला या राम कथा 'लक्ष्मण रेखा' के बिना अधूरी मानी जाएगी। संभवतः 'लक्ष्मण रेखा' का पहला ज़िक्र हमें कृति बास की बांग्ला रामायण में मिलता है। बंगाल और आसाम के इलाक़े तंत्रवाद पर आधारित धार्मिक परंपराओं के केंद्र रहे हैं। वहां मंत्र पर आधारित लकीर खींचना एक सामान्य धार्मिक प्रक्रिया मानी जाती है। रामकथा की 'लक्ष्मण रेखा' शायद बंगाल में मध्ययुग में उकेरी गई।

आजकल शबरी के जूठे बेर खाना मर्यादा पुरुषोत्तम राम की भक्त वत्सलता का सबसे सुंदर उदाहरण माना जाता है। कहां अयोध्या के राजा, जगत् के स्वामी राम और कहां एक जंगली महिला। ब्राह्मण परंपरा में भोजन की पवित्रता पर बहुत ज़ोर दिया जाता है। जूठा भोजन धर्म से गिरने का बहुत बड़ा कारण माना जाता है। अपवित्र व्यक्ति यदि भोजन को देख भी लेगा तो भोजन अखाद्य हो जाएगा। अखाद्य भोजन की ख़ुशबू अगर किसी की नाक से भी प्रविष्ट हो जाए तो वह व्यक्ति धर्म से गिरा हुआ माना जाएगा। रवींद्रनाथ टैगोर एक ऐसे ब्राह्मण वंश के पुत्र थे जिनके पूर्वजों ने ग़लती से गोमांस सूंघ लिया था। इसीलिए उनके कुल को काफ़ी गिरा हुआ माना जाता था। मर्यादा पुरुषोत्तम राम ने जूठे बेर खाकर एक नई मर्यादा की शुरुआत की। यह मर्यादा आज के जनतांत्रिक युग में स्वीकार्य है लेकिन वाल्मीकि या तुलसी को यह बात बिलकुल ही मंजूर नहीं होती। इसीलिए वाल्मीकि रामायण या *रामचरितमानस* में 'जूठे बेर' का कोई जिक्र नहीं। 'जूठे बेर' की चर्चा अठारहवीं सदी के संत प्रियदास की रचना में मिलती है। इस

कथा का प्रचार और प्रसार कल्याण पत्रिका के 1952 के 'भक्त चरित्रांक' के निकलने के बाद होता है। आधुनिकता के संदर्भ में उभरे तमाम जाति विरोधी आंदोलनों ने मर्यादा का रूप बदल दिया था। इस समाज को एक ऐसे राम की जरूरत थी जो जात-पांत के बंधन तोड़ दे। भक्ति परंपरा में ऐसे तथ्य विराजमान थे जो राम-कथा को एक नई दिशा देते हैं। राम कथा में ऐसे कई बिंदु हैं जिन पर मतैक्य संभव नहीं। राम द्वारा बाली पर छुपकर तीर चलाना, सीता के साथ राम का व्यवहार, शंबूक वध या शूर्पणखा की नाक काटना आदि ऐसे संदर्भ हैं जिनको लेकर हर युग में लेखक और कलाकार उद्वेलित होते हैं। इन बिंदुओं के इर्द-गिर्द नई कथाएं और नए विचार उभरते रहते हैं। मौखिक परंपरा में इन नए बिंदुओं को समेटना ज़्यादा आसान है।

सीता स्वयंवर का प्रसंग अभिनव प्रयोगों के लिए काफ़ी उपयोगी है। बर्नांड कीन बनारस के पास एक गांव में सीता स्वयंवर में 'मैनचेस्टर के राजा' के आने की बात करते हैं। उसने रेलगाड़ी के टिकट निरीक्षक की पतलून और कनटोप पहन रखी थी। उत्तराखंड के धारचुला में सीता स्वयंवर में आसपास के हर पहाड़ी गांव से एक राजा हिस्सेदारी करता हुआ दिखाया जाता था। सबसे बेवक़ूफ़ वह राजा था जो हिंदी भी नहीं बोल पाता था। बस नेपाली भाषा में कुछ बुदबुदाता हुआ आ जाता था। यहां रामलीला हिंदी राष्ट्रवाद का वाहन बन गई थी। भगवान राम ने अंग्रेज़ों के राजा को भी परास्त कर दिया। कुछ राजा इतने बुद्धू थे कि हिंदी भी नहीं बोल पाते थे।

देहरादून शहर की रामलीला में हनुमान की भूमिका एक मुसलमान लोहार किया करता था। हनुमान बनने के लिए किसी लंबे-तगड़े व्यक्ति की जरूरत थी। उसे हिमालय पहाड़ उठाना होता था और कई बार राम और लक्ष्मण को अपने कंधे पर उठाना पड़ता था। इसके लिए लोहार ही सबसे उपयुक्त पात्र निकला। साल-दर-साल वही यह भूमिका निभाता रहा। जब वह हिमालय पहाड़ को

उठाने के लिए पूरा दम लगाता था तो ज़ोर से बोलता था 'याऽऽऽ अली'। पहाड़ उठा लिए जाने पर सारे दर्शक तालियां बजाते। ऐसी रामलीला लोकसंस्कृति के स्तर पर भिन्नता को सहज स्वीकार करने का माध्यम बन जाती है।

पिछले पचास वर्षों में रामलीलाओं पर बालीवुड का असर बढ़ता जा रहा है। फ़िल्मी गीत रामायण के चरित्रों के दुख और खुशी जताने का सबसे सशक्त माध्यम बन गए हैं। जैसा कि सब जानते हैं, चरित्रों की वेशभूषा पारसी थिएटर की देन है।

यहां मैं दिल्ली शहर के जवाहरलाल नेहरू विश्वविद्यालय के कर्मचारियों द्वारा आयोजित 1980 के दशक की रामलीला की चर्चा करूंगा। रामलीला आयोजित करने वालों में जाट कर्मचारियों की तादाद सबसे ज़्यादा थी। उनमें कुछ गढ़वाली और उत्तर प्रदेश के भी कर्मचारी थे। उन्होंने रामलीला के हर प्रसंग को फ़िल्मी गीतों के ताने-बाने में बांध रखा था। शूर्पणखा जब राम और लक्ष्मण को रिझाने की कोशिश करती है तो पीछे से ज़ोर-ज़ोर से गाना बज रहा था, "तेरा क़सूर ना मेरा क़सूर, एक्सिडेंट हो गया।" इसके बाद का प्रसंग रावण के दरबार का था। रावण को एक बुरे व्यक्ति के रूप में दिखाने के लिए सुरा और सुंदरी का समावेश होना जरूरी था। परिणामतः रावण को अपने दरबारियों के साथ शराब पीता दिखाया गया और रावण ने नशे में धुत व्यक्ति की भंगिमा करते हुए कहा, 'ऐ लड़की नचाओ'। फिर लड़की के रूप में वेशभूषा धारण कर एक कर्मचारी नाचने लगा और पीछे से गाना होने लगा, "शीशी भरी गुलाब की पत्थर पे फोड़ दूं।" इसके बाद सीताहरण का प्रसंग "दिल के अरमा आंसुओं में बह गए" गाने से अभिनीत हुआ। अशोक वाटिका में सीताजी के दुख को "क्या से क्या हो गया बेवफ़ा तेरे प्यार में" गीत से ज्यादा अच्छे से कौन दिखा सकता था।

मुझ जैसे साक्षर संस्कृति में पले लोगों को इस तरह के आयोजन गिरती हुई अपसंस्कृति के भोंडेपन के अलावा कुछ नहीं

लगते। लेकिन जो लोग उस आयोजन में हिस्सा ले रहे थे वे मुझसे ज्यादा श्रद्धावान और सरल थे। रामलीला भी उनके जीवन के यथार्थ से मिलती-जुलती थी। यह उन्हें जहां परंपरा से जोड़ती थी, वहीं उन्हें ज़्यादा रचनात्मक और क्रियाशील बनाती थी।

रामकथा तमाम चौपाइयों, क़हक़हों, गीतों और रामलीला के माध्यम से एक जीवंत परपंरा बनी हुई है। इस परंपरा का एक अंश है भोंडे और अश्लील मज़ाक़ में बने दोहे। वे भी इस परंपरा में मनोरंजन का साधन हैं और कहीं-न-कहीं बदलती मानसिकताओं का दर्पण हैं। लेकिन इस परंपरा को मौखिक परंपरा का हिस्सा ही रहने दिया जाए।

हमने लेख की शुरुआत तुलसी की चौपाई से की थी। उसमें हरिकथा को अनंत कहा गया था। सवाल उठता है कि आख़िर एक प्रामाणिक रामकथा की संकल्पना कहां से आई? ऐसी संकल्पना जो मानती है कि राम की सिर्फ़ एक ही कथा है। दूसरी कथाएं राम विरोधियों का षड्यंत्र मात्र हैं। यह संकल्पना आधुनिकता के विकृत रूप की उपज है। प्राचीन भारतीय परंपरा में व्यक्तिवादी रचनाशीलता की संकल्पना काफी कमज़ोर थी। चाहे वे वेदव्यास हों या कालिदास–हम उनके बारे में कुछ नहीं जानते। भारतीय मनीषी परंपरा ने तमाम पुस्तकों के लिए किसी एक अनजाने व्यक्ति का नाम खोज लिया। हर रचना के पीछे कई नाम छुपे हुए हैं। आज जब 'डेथ ऑफ द ऑथर' की बात की जाती है या 'ऑथर या ऑथोरिटी' पर चर्चा होती है तो हमें प्राचीन भारतीय परंपरा को समझने में आसानी होती है। 'अनंत हरि कथाओं' को चुनौती मिली नए राष्ट्रवाद से जिसमें एक राष्ट्रीय महाकाव्य की कल्पना की गई। *महाभारत* और *रामायण* को राष्ट्रीय महाकाव्य मान लिया गया। फिर उनके प्रामाणिक संस्करण निकालने के प्रयास हुए। *महाभारत* का प्रामाणिक संस्करण निकालने का काम 1920 के दशक में शुरू हुआ और *रामायण* का उसके भी बाद। ये कार्य अपने आप में सराहनीय

और महत्वपूर्ण थे। लेकिन इनके पीछे यह अवधारणा छुपी थी कि *महाभारत* या *रामायण* की कुछ कथाएं प्रक्षिप्त और गौण हैं। इसी प्रवृत्ति का और विकृत रूप एक देश और एक महाकाव्य की कल्पना है। जहां हमारे देश के राष्ट्रवादी आंदोलन ने लगातार अनेकता में एकता की बात की, चिंतन की विकृत धारा ने अनेकता को प्रक्षिप्त और निषिद्ध बताने की कोशिश की। हमें इस मानसिकता से मुक्त होना और अनेक परंपराओं में बसी रामकथाओं को 'कहहिं सुनहिं बहुविध सब सन्ता' की परंपरा की नज़र से देखना होगा।

अंग्रेज़ी से अनुवाद : चंचल चौहान

संदर्भ ग्रंथ

फिलिप लुटजेनदौर्फ, *दि लाइफ ऑफ ए टेक्स्ट,* यूनिवर्सिटी ऑफ कैलिफोर्निया प्रेस, 1991.

ए.के. रामानुजन, *दि कलेक्टेड एसेज ऑफ ए.के. रामानुजन,* ऑक्सफोर्ड यूनिवर्सिटी प्रेस, दिल्ली, 1999.

रोमिला थापर, *कल्चरल पास्ट्स एसेज : इन अर्ली इंडियन हिस्ट्री,* ऑक्सफोर्ड यूनिवर्सिटी प्रेस, दिल्ली, 2000.

पाउला रिचमैन, *मेनी रामायणाज : डाइवर्सिटी ऑफ नैरेटिव ट्रेडिशन्स,* यूनिवर्सिटी ऑफ कैलिफोर्निया प्रेस, 1991.

तुलसीदास, *श्रीरामचरितमानस,* गीता प्रेस, गोरखपुर, 1994.

श्रीमद्वाल्मीकीय रामायण, गीता प्रेस, गोरखपुर, 2009.

रोलां बार्थेज, *द डेथ ऑफ द ऑथर,* ए बार्थ रीडर, पेंग्विन, 1982.

❑❑❑